참회 발원 기도
행원참법
行願懺法

◉

편저 덕진

◉

"신심을 단련하는 불자들이 지참해야 하는 필수 교과서"
—
지안 스님

불·법·승 각각 명호를 알고 부르며 예경의 절하고, 아미타불·약사여래불·관세음보살·지장보살·보현보살에 대한 경전의 요지와 서원을 염송하며 참회기도하고, 승만부인 서원과 육방예경 교훈대로 실천하게 하는 지침서이며 독송기도하는 책이다.

불광출판사

산하 덕진(山河 德眞)

울산 정토사 주지, 정토불교대학 학장. 1976년 통도사 서운암 성파 스님을 은사로 득도했으며, 범어사 승가대학을 졸업하고 극락선원, 묘관음사 선원, 다보선원 등에서 수선안거했다. 대한불교어린이지도자연합회 회장을 역임했으며, 청소년교양지 「선재」와 「속삭임」을 발행하고 있다. 또한 울산광역시 조계종사암연합회장과 불교종단연합회장, 울산남구종합복지관장을 역임했다. 「문학세계」(1992년)와 「한국수필」(2006년)을 통해 등단했으며, 『두 번째 화살을 맞지 말라』, 『님한테 할 말 있소』, 시집 『바다처럼』 등 책 17권을 출간했다. 현재 사단법인 동련 이사, 울산지방경찰청 경승실장, BBS 울산불교방송국 운영위원, 무료급식소 '밝은 세상' 설립 운영, 사단법인 '참좋은세상' 대표, 행복한 평생교육원 원장 등을 맡고 있다. 1989년 조계종 총무원장 표창, 2001년 조계종 포교대상 공로상, 2009년 울산시장상 문화예술상 문학부문, 2016년 국무총리 표창 노인복지 부문을 수상했다.

그림_ 수안 스님

들어가기에 앞서

불교신행은 일반적으로 예불과 기도로 시작된다. 이는 어느 종교없이 신앙생활을 할 때 행하는 기본적인 과정이라 할 수 있다. 특히 불교의 신앙정서는 귀의하고, 찬탄하고, 참회하고, 발원하는 네 가지 요소를 가지고 있다. 예불과 참회, 기도는 온 몸으로 실천하는 불교의 신심운동이라 하지 않을 수 없다.

"처음 발심할 때 정각을 이룬다."는 말이 경문에 있지만 발심은 항상 새로운 마음이다. 매일 매일 새로운 신심으로 물러남이 없는 초지일관의 정진심이 일어날 때 누구나 큰 공덕을 성취하여 복덕과 지혜를 갖추게 된다. 때문에 신행이나 수행에 처음 마음을 꾸준히 지켜나가는 것이 무엇보다 중요하다.

이러한 신심을 북돋아주고 초심을 지켜주기 위해서 이번에 좋은 책자 하나가 간행되어 나왔다. 울산 정토사의 주지로 있는 덕진 스님이 『행원참법(行願懺法)』이라는 참법기도독송집을 펴내 불자들에게 선보이게 되었다.

이 책은 삼보를 찬탄하고 아미타불·약사여래·관세음보살·지장보살·보현보살에게 예경을 드리면서 서원을 세우고 그 실천을 다짐하는 염불독송집이다. 불자들에게 보현행원의 십대원을 실천하게 하는 지침서 역할을 하는 책이라 할 수 있다.

중생의 업장을 참회하고, 승만부인과 같은 서원을 세우며, 『육방예경』의 정신으로 신심을 단련하는 불자들이 지참해야 하는 필수 교과서 같은 책이다.

덕진 스님은 남다른 원력을 가지고 불교의 포교활동을 열심히 해온 스님이다. 부산·울산 등지에서 활약한 스님의 역량은 눈부셨다. 기도정진에서부터 염불수행, 경전강좌, 불교대학 운영, 신행상담, 어린이 포교, 문서포교, 군인경찰 포교, 사회복지관 운영, 외국인노동자, 다문화가족 등 불우이웃에 대한 봉사, 불교서적 저술, 교화의 손길이 폭넓게 뻗혀져 온몸으로 전법도생의 모범적인 행적을 보여 주었다.

언제나 부처님의 은혜를 생각하고 그 보답을 위해 내가 무엇을 해야 할 것인가를 스스로에게 물으면서 이타원력을 새롭게 세워 수행하는 스님이다. 보살의 사섭법(四攝法) 가운데 동사섭(同事攝) 정신이 특별하여, 주위의 사람이나 지역민들과 격의 없이 어울리며 포교활동을 전개하는 모습이 참으로 아름답게 느껴졌다.

우리 속담에 "구슬이 서 말이라도 꿰어야 보배"라는 말이 있고 또 『화엄경』에 "비유하건대 어둠 속에 있는 보배가 등불이 없으면 보이지 않는 것처럼, 부처님 법을 설해 주는 사람이 없으면 지혜로운 사람이라도 알 수가 없다." 하였다. 부처님 법이 중생의 양식이 되고 병을 치료하는 약이라 하여도 먹어야 배부르고 병이 낫는다는 말이다.

이 『행원참법』은 보배가 가득 차 있는 창고의 문을 열어주는 복전(福田)이 되는 법보로, 사람들로 하여금 정토로 가게 하는 인연을 맺어주고 수지하는 사람에게는 복덕과 지혜가 성취될 것이다.

『법화경』에 "경을 수지하고, 읽고, 외우고, 해설하고 서사하면 육근(六根)의 공덕을 성취하여 눈이나 귀, 코, 혀, 몸 그리고 마음속의 뜻이 불가사의한 능력을 얻는다" 한 것처럼, 한 마디 염불과 한 번의 예배와 참회가 삼세의 업장을 소멸하고 성불을 기약하게 되는 것이다.

이 책으로 기도하고 참회하여 얻는 공덕은 이루 말할 수가 없고 누구나 자기 마음속에 있는 세 가지 밭, 곧 은전(恩田)과 경전(敬田) 그리고 비전(悲田)을 개발하게 될 것이다.

책의 출판을 축하하면서 추천의 말을 써서 서문(序文)을 대신하는 바이다.

대한불교조계종 고시위원장 겸
서울 불학승가대학원 및 직지사 한문불전승가대학원 원장
지안 합장

추천의 글

제가 늘 좋아하는 선명구(禪名句) 가운데, '명력력 노당당(明歷歷 露堂堂)'이 있습니다. '천일무문관결사' 중에 통도사 은사스님과 전화로 말씀 나눌 기회가 있었는데, 그때 은사스님께서도 이 선구(禪句)로서 자상하게 교시(敎示)하셨습니다. "역력히 밝고 당당히 드러나 있다", 나의 참주인공이 성성하게 깨어 있다는 표현입니다.

저는 저의 만사형 덕진 큰스님을 볼 때면, 언제나 의식이 깨어 있는 분이란 걸 느낍니다. 불교 전반에 대한 분명한 통찰은 물론, 사회를 보는 이해도가 남다릅니다. '명력력 노당당'한 분이 덕진 큰스님이십니다.

항상 무엇인가를 궁구하시고, 깊이 있게 사색하시는 모습을 자주 뵙습니다. 지금의 정토사를 맨땅에서 이렇게 대찰로 가꾸신 것도 큰스님 특유의 선정력(禪定力)과 정진력(精進力)이 아니었으면 할 수 없는 대작불사임에 틀림없습니다.

누구든 말로는 잘 합니다. 하지만 실제로 실천하고 이루어내는 분은 우리 불교교단에 많지 않습니다. 그러한 점에서 덕진 큰스님은 대단하십니다. 전법교화함에 있어서 늘 실참을 강조하시며 스스로 솔선 수범하시는 분입니다.

이번에 내시는 『행원참법』도 이러한 맥락에서 본다면 대단히 가치 있는 수행불사(修行佛事)이자 수행불서(修行佛書)라고 생각합니다.

요즘 와서 많은 불서들이 쏟아지지만, 같은 내용이라도 누가 썼느냐에 따라 그 책의 생명력이 다릅니다. 즉 어떤 정신을 가지고 어떤 행을 하며 사는 분이 쓴 책인가가 중요하며, 책의 빛깔과 무게는 같은 글이라도 저자에 따라 다른 것입니다.

아무튼 본 책은 제가 행자시절부터 보아 온 덕진 큰스님의 법력(法力)이 응축되어져 있어, 분명히 특별한 힘과 메시지로 독자 여러분들에게 다가갈 것입니다.

독자 제현들께서는 이 소중한 수행불서(修行佛書)를 통하여 '명력력 노당당'한 덕진 큰스님의 원력을 조금이라도 관(觀)하시고 그 원력에 동참하는 시간되시길 기도 축원드립니다.

나무 관세음보살!

한국불교대학 대관음사 감포도량
무일선원 무문관에서
무일 우학 합장

머리글

불교신행에는 여러 형태가 있지만, 수행을 잘하고 싶고 어려움 해결과 좋은 뜻을 성취하고자 할 때 참회와 기도를 해서 뜻을 이룬 예가 많습니다.

기도에는 칭명염불기도, 예배기도, 독경기도, 사경기도, 보살행(자비봉사)기도 등이 있는데, 참회문을 읽으면서 절을 하는 기도인 예참(禮懺)기도를 하는 것도 좋은 방법입니다. 이 책은 기존의 참법기도 책과 다른 내용으로, 불보살님 본원을 하나하나 독송하면서 기도인이 서원을 세우고 원력을 다져나가도록 엮었습니다. 먼저 불교의 교주이신 석가모니불께 예배 서원을 크게 하고, 불법승 삼보를 각각 자세히 부르며 익히도록 하였습니다.

기존 참법책은 인과의 이치를 밝혀 참회하는 내용이 많은데, 본 행원참법은 참회문도 다수 있지만 보현행원과 아미타불, 약사여래, 관세음보살, 지장보살의 자비원력을 본받아 행하는 데 큰 비중을 두었습니다.

불보살님께 의지하는 이 부분은 한국불교 신앙의 주류입니다. 『예념미타참법』 서문에 "범부는 마음이 약해서 자신의 힘만으로는 이루기 어렵지만, 법장 비구는 원이 강하여 그의 원력에 의지하면 성취가 쉬우며 자타가 모두 이롭고 자비와 지혜가 다 같이 온전케 된다."고 했습니다. 자타를 위한 큰 뜻을 이루겠다는 바른 의지를 갖고, 일념(一念)으로 소리내어 독송 염불하면서 온 몸으로 절하며 기도하면 원력이 성취된다는 것입니다.

대표적인 참법기도서인 『자비도량참법』은 양무제의 애비(愛妃)가 구렁이 몸을 받아 신음하다가 침전에 나타나 구해주기를 애원하여, 그 영혼을 구제하기 위해 편집한 참회기도문입니다. 정성스런 예참을 통해 원하는 바를 성취한 이후, 널리 독송되며 예배기도를 하게 되었습니다.

본 참법서는 불법승의 명호를 잘 드러내 칭명예배(稱名禮拜)하므로 삼보의 가호가 충만할 것입니다. 보현행원을 비롯하여 아미타불 48원과 관음보살의 자비 원행, 그리고 지장보살의 대원력과 병고에서 벗어나게 하는 약사여래 서원까지 모두 염송 예배하도록 했습니다.

더불어 재가불자인 승만부인의 큰 원력과 『육방예경』의 행원을 함께 엮어, 현실생활에서 각자의 도리를 알고 행하여 가족과 국민이 모두 존중하고 화합하며 바르고 편안하게 살아가게 되는 기틀을 다질 수 있도록 엮었습니다.

이 행원참법을 독송 기도함으로써 업장소멸되고, 원만신행하여 자비 지혜 복덕이 증장하고, 또한 원력으로 보살의 길, 깨달음의 길로 가게 되는 견인차가 될 것이라 믿습니다. 출가 승려에게도 신도님들을 지도하는 실천지침서가 되기 바랍니다.

모두가 이 『행원참법』 기도를 통해, 현생에 근심고뇌와 마장 고통 모두 벗어나서 평안과 행복을 누리고 내생에 왕생정토 구경성불하기를 간곡히 권유하옵니다.

불기 2561년 새해
울산 정토사 육화실(六和室)에서
산하 덕진 합장

목차

일러두기

1. 1장에는 불법승 명호를 각각 부르며 예경하는 〈소예참례〉를 우리말로 풀이해 독송하도록 하였다. 또한 발원문 및 오계 수지를 지송하도록 되어 있다.

2. 미타재일이나 개인의 미타정토신행에는 〈미타 참법〉, 약사재일이나 병을 고치고자 할 때는 〈약사 참법〉, 지장신앙이나 지장재일에는 조상 영가를 위해서 〈지장 참법〉, 관음기도나 관음재일에는 현실의 소망을 이루고자 발원하며 〈관음 참법〉을 한다. 이에 따라 각 장을 나누어, 개인의 원에 맞게 하나의 장을 독송하며 예참 기도하도록 하였다. 〈참회문〉은 『예념미타참법』과 『자비도량참법』, 오달 국사의 『자비수참기도법』에서 주로 인용하였다.

3. 보현보살의 대행원을 서원하고 예참 기도하는 〈보현행원 참법〉을 통해, 불자로서의 신행을 바르게 실천할 수 있다. 또한 재가불자인 승만 부인의 서원을 본받아 행하고, 가족과 사회 인연관계에 도리와 예의로서 기본이 될 만한 『육방예경』의 교훈을 알고 행하도록 하였다.

4. 여러 불보살님의 예경참회서원 기도를 연이어 1장부터 8장까지 모두 해도 3시간 반 내지 5시간 정도에 할 수 있다.

5. 독송 기도할 때 본문 중간의 작은 활자 안내문은 독송하지 않는다.

6. 부록에는 〈아미타불 48대원〉을 비롯해, 여러 경전의 대표 게송을 한문과 한글 번역으로 읽도록 하였다. 또한 왕생정토에 관한 상세한 문답을 수록해, 스스로 보고 알아서 왕생극락정토에 대한 신심을 굳게 갖도록 하였다.

예경삼보
禮敬三寶

불(佛)·법(法)·승(僧) 삼보(三寶)는 불교의 구성 요소이며 신앙 대상이다. 〈소예참례(小禮參禮)〉는 참회와 서원에 앞서, 삼보에게 예배하며 증명으로 모시는 것이다.

〈소예참례〉는 삼보에 대한 예경의 장이다. 시방삼세 부처님의 명호와 부처님의 가르침이 담긴 경전의 명칭, 그리고 승보(僧寶)의 대표적 보살님과 스님들의 명호를 부르며 절을 올린다.

〈예경삼보〉 장은 예불을 상세히 길게 모시는 것이고, 불공하면서 예참으로도 한다. 여타 기도의 첫 순서로 하면 좋다. 이 삼보를 잘 독송하고 예배하여도 신행공덕이 크다.

---

* 반야심경 봉독과 발원문, 오계 수지까지 하도록 되어 있다. 이 참법 기도 전체를 모두 한 꺼번에 할 때는 반야심경은 끝에 한다. 그렇지 않고 예경삼보로 끝낼 때는 바로 하는 것이 좋다.
* 〈소예참례〉는 우리말로 풀어서 독송하며 절은 모두 21배를 한다.

소예참례
小禮懺禮

차 공양 말씀

저희 이제 부드러운 청정수를 길어다가

모든 열뇌 식혀주는 감로다를 만들어서

거룩하신 불법승 삼보 전에 올리오니

사랑으로 연민으로 받으시기 원합니다. **(반배)**

삼계(三界)의 큰 스승이시며

사생(四生)의 자비로운 어버이이신

석가모니부처님께 귀명정례[1]하옵니다. (절)

시방세계 인류세상 교주이시며 과거 오백생애를

중생 위한 원력으로 인욕, 희생, 자비, 지혜 행하신

석가모니부처님께 귀명정례하옵니다. (절)

여래십호(如來十號)

아무런 마음 없이 여여히 오시며〔如來〕

능히 중생을 위해 공양을 받으시고〔應供〕

위없는 진리를 바르게 아시며〔正遍知〕

그 지혜와 행을 갖추셨고〔明行足〕

또한 잘 이끌어 가시며〔善逝〕

세간을 잘 분별하시며〔世間解〕

위없는 스승이 되시며〔無上師〕

중생을 잘 다스려 이끄시는 장부이시고〔調御丈夫〕

하늘과 인간의 스승이 되시며〔天人師〕

큰 깨달음을 이루신 가장 높고 귀한 부처님께〔佛, 世尊〕

믿고 의지하고 따르옵기를 원하오며

귀명정례하옵니다. (절)

온 세상에 항상 계신 진리당체 청정법신

비로자나부처님께,

온 세상에 항상 계신 진리의 몸 원만하신

노사나부처님께,

병에 따라 약을 주고 근기 따라 가르치는
거룩하신 사바교주 천백억의 화신이신
석가모니부처님께 귀명정례하옵니다. (절)

과거 삼존(三尊) 현재 사위(四位) 일곱 여래 부처이신
비바시불, 시기불, 비사부불, 구류손불,
구나함모니불, 가섭불, 석가모니부처님께,
동방의 만월세계 열두 가지 원력 세워
중생 병고 치유하는 약사여래유리광불께,
서방의 행복한 곳 극락세계 교주로서
마흔여덟 크신 원력 세우시고 이뤄가는
아미타부처님께 귀명정례하옵니다. (절)

남방으로 기쁨 가득 환희세계
모든 중생 방생하는 보승(宝勝)여래부처님께,
북방으로 근심 없는 무우세계
고집 센 모든 중생 길들이는
부동존부처님께 귀명정례하옵니다. (절)

중방에 꽃으로써 꾸민 세계〔華嚴世界〕
형태 있든 형태 없든 생각 있든 생각 없든
열 가지 몸 걸림 없는
비로자나부처님께 귀명정례하옵니다. (절)

다가오는 미래세상 아름다운 용화세계
세 번이나 대법회에 삼백억을 제도하러 사랑으로 오실
여래 자씨 미륵부처님께,
다겁(多劫)생래 지어온 바 중생들의 온갖 업장(業障)
귀의하고 참회하면 말끔하게 없애주시는
참제업장십이존불께,
사바세계 남섬부주 교화주인 지장보살 마하살이
큰 원으로 찬탄하신
거룩하신 스물세 분 부처님께 귀명정례하옵니다. (절)

보배로운 귀한 세계 사랑주고 기쁨 주는
치성광불 부처님과 북두대성 칠원성군 칠성여래부처님께,
아미타불 찬탄하신 시방 모든 부처님과

다겁생래 지은 중죄 빠짐없이 멸해주길
서원하신 삼십오불님께,
삼천불의 조사이신 오십삼불 부처님과
과거세의 일천불과 현재세의 일천불과 미래세의 일천불
삼세삼천 부처님께 귀명정례하옵니다. (절)
산과 들과 해안 강변 크고 작은 보탑(寶塔) 전에
귀명정례하옵니다. (절)

시방세계 온 누리에 인드라망 그물처럼
다함없는 너른 세계 언제든지 머무시는
일체 모든 부처님께 귀명정례하옵니다. (절)

일승원교(一乘圓敎) 최초교설
대방광불화엄경(大方廣佛華嚴經)과
대승종교(大乘終敎) 궁극교설
실상묘법연화경(實相妙法蓮華經)은
부처님의 교법 중에 양대 산맥이오니
귀명정례하옵니다. (절)

대승시교 반야경(大乘始敎 般若經)

대승돈교 원각경(大乘頓敎 圓覺經)

대불정 수능엄경(大佛頂 首楞嚴經)

칭찬정토 아미타경(稱讚淨土 阿彌陀經)

사십팔원 무량수경(四十八願 無量壽經)

십육관법 관무량수경(十六觀法 觀無量壽經)

불이법문 유마경(不二法門 維摩經)

재가원력 승만경(在家願力 勝鬘經)

근본교설 아함경(根本敎說 阿含經)

구모생천 목련경(救母生天 目連經)

대보부모 은중경(大報父母 恩重經)

비유설화 비유경(譬喩說話 譬喩經)

중요교설 방등경(重要敎說 方等經)

재가윤리 육방예경(在家倫理 六方禮敬)

전생설화 본생경(前生說話 本生經)

개유불성 열반경(皆有佛性 涅槃經)에

귀명정례하옵니다. (절)

불상조성 조상경(佛像造成 造像經)

십이상원 약사경(十二上願 藥師經)

허공장경(虛空藏經)

무애대비 백천다라니경(無碍大悲 百千多羅尼經)

남방유통 니까야경(南方流通 Nikaya경)

수행규범 비니율장(修行規範 毘尼律藏)

계율수지 범망경(戒律受持 梵網經)

걸림 없는 대비심과

일십백천 대다라니 경율론의 삼장(三藏)이며

십이부의 교설이며 일체 모든 수다라(修多羅)의

원만교해(圓滿敎海) 가르침에

시방세계 제망중중(帝網重重) 인드라망(因陀羅網) 그물처럼

다함없는 장엄세계 언제든지 머무시는

일체 모든 가르침에 귀명정례하옵니다. (절)

과거삼존 현재사위 일곱 여래 조사이신

크신 지혜 크신 성자 문수사리보살님께,

허공계와 온법계의 크신 원력 육도만행 다함없는

보현보살 마하살께 귀명정례하옵니다. (절)
어디에나 나투시고 모든 소원 들으시는
십원육향 그 원력이 너무나도 크고 깊고
큰 자비로 살피시는 관세음보살님께,
염불삼매 법으로써 고통 받는 중생들을
위엄 넘친 큰 힘으로 보살피고 교화하는
크게 나눔 기쁨 주는
대세지보살님께 귀명정례하옵니다. (절)

한량없는 무명무지 날카로운 금강도로 사정없이 끊어내신
지혜 크신 금강장보살님께,
나와 남을 구별하는 업장들을
크나크신 사랑으로 온갖 장애 제거하는
제장애보살님께 귀명정례하옵니다. (절)

사바세계 고통중생 모두모두 구제해야
성불한다 서원하신
크신 원력 본존이신 지장보살님께,

참된 말씀 신통장엄 칠억부처 어머니로

크신 사랑 준제보살님께,

크신 사랑 중생들과 하나 되고

한 겁 뒤의 용화세상 이어주는

위대하신 자씨 미륵보살님께,

한 생애가 지난 뒤에

부처님의 보처로서 윤회업장 모두 끊은

제화가라보살님께 귀명정례하옵니다. (절)

금강산에 머무르사 반야법문 연설하는 법기보살 마하살께,

향성에서 뼈 태우고 몸을 태워

항상 울며 법을 구한 살타파륜보살님과

그의 권속 일만이천 크신 보살님께,

일궁보살 월궁보살 극락으로 이끄시는 인로왕보살님과

일체청정 대해중 크신 보살 마하살께

귀명정례하옵니다. (절)

영산 당시 부처님께 부촉 받은

두타제일 가섭 존자, 다문제일 아난 존자,

지혜제일 사리불 존자, 해공제일 수보리 존자,
설법제일 부루나 존자, 신통제일 목건련 존자,
논의제일 가전연 존자, 천안제일 아나율 존자,
밀행제일 라훌라 존자, 지계제일 우바리 존자,
여시 내지 십육성 오백성 독수성 내지
천이백 제대아라한 무량자비성중님께
귀명정례하옵니다. (절)

서건사칠 당토이삼 오파분류
역대전등 제대조사 급아해동
전지조인 도의 국사, 화엄초조 의상 조사,
해동초조 원효 대사, 신라국통 자장 율사,
교장정리 대각 국사, 정혜쌍수 보조 국사,
일체작법지처 위작증명 지공·나옹·무학 삼대화상,
솔선구국 서산·사명 양대 화상,
여시 내지 연각·성문·성중 내지
시방삼세 온 누리에 인드라망 그물처럼
거듭하여 다함없는 일체 모든 스님들께

귀명정례하옵니다. (절)

다함없는 삼보자존 명훈가피 하옵소서.
다만 오직 바라오니 크나크신 자비로서
저희 정성 받으시고 법계 모든 중생들이
너도나도 모두 함께 무량불도 이루소서. **(반배)**

귀의삼보 발원문
歸依三寶 發願文

인류의 위대한 스승이시며 중생의 어버이이신 석가모니부처님!

　먼 옛날 연등불께 공양을 올리고 부촉 받아 500생 동안 자비보시와 인욕고행과 선정수행하신 석가모니부처님!

　사바세계 사람으로 오시어 인류를 무명과 고통에서 벗어나게 길을 여신 석가모니부처님!

　사색으로 병사를 벗어나려 하셨고 6년 수행 끝에 향락도 고행도 모두 극복하여 생사해탈의 길을 깨달으신 석가모니부처님께 귀의하옵고, 부처님 수행과 성도와 중생교화를 본받아 가기를 서원하옵니다.

　길에서 탄생하시어 왕궁의 향락을 버리시고 고행성도하시어 바라문도 귀족도 평민도 노예도 모두 다 평등하게 제도하시고 인류에게 대자유와 대평화를 선언하시고 이루신 우리의 근본 스승 석가모니부처님께 공경 예배하고 그 가르침 알고 믿고 행하여서 지혜자비 복덕 갖추기를 발원합니다.

온 누리에 항상 계시는 모든 부처님과 보살님께 공경 예배하오며 믿고 따르기를 발원합니다.

부처님 말씀으로 가르치신 경전과 불자가 지켜야 할 계율과 논장과 조사어록 모두를 알고 믿고 행하기를 서원합니다.

부처님께서 각인의 수준과 상황에 맞게 가르쳐주신 대기설법(對機說法) 십이분교(十二分敎)[2]를 잘 알아서 행하고 자신의 마음과 행동을 바라보고 부처님의 생존 당시 제자이신 아라한[3]님과 역대의 조사님과 온 누리에 항상 계신 모든 스님께 믿고 의지하며 따르기를 서원합니다.

시방삼세 한량없는 불법승 삼보님!

언제나 어디서나 받들어 모시고 믿고 따라서 대자유와 대평등과 대화합을 이루고 현실에 슬기롭고 평안하고 선량하게 살며 내생에 왕생정토하여, 세세생생 불법(佛法)대로 행하여서 마침내 깨달음에 이르기를 지심발원합니다.

나무 석가모니불
나무 석가모니불
나무 시아본사 석가모니불.

수행공덕 회향 발원문

부처님 가르침을 잘 수행하는 것으로써 부처님[佛]과 부처님 가르침[佛法]과 스님[僧伽]께 공양 올립니다.

저는 불교 아닌 신앙을 절대 믿지 않을 것이며 어리석은 행위는 하지 않을 것을 다짐합니다.

부처님 가르침을 잘 알고 행하여 늙음과 죽음으로부터 자유로워지기를 발원합니다.

보시(報施)·지계(持戒)·정진(精進)·선정(禪定)·지혜(智慧)·이탐(離貪)·진실(眞實)·원력(願力)·자비(慈悲)·평등(平等)·방편(方便) 바라밀을 행하여 어떠한 어려움도 마장도 없고 번뇌 고통에서 해탈하고 열반 증득하기를 서원합니다.

제가 지은 이 공덕을 스승님과 부모님과 형제자매와 친척, 친구와 모든 사람들에게 회향하여 모두 행복하기를 발원합니다.

까담 랑리탕빠의 발원

한량없이 많은 살아 있는 존재들을 위하여
여의주보다 더 고귀한 뜻을 이루고자
언제나 변함없이 진정으로 공경하겠습니다.

언제 어디서 누구와 만나더라도
스스로 겸손하며 진실한 마음으로
다른 사람을 내 가족처럼 사랑하겠습니다.

마음에 무서운 번뇌가 일어나면
나와 남을 해치는 원수임을 알아
처음부터 굳세게 맞서 물리치겠습니다.

과보로 버림받아 고통당한 사람을 보면

보물의 창고를 발견한 것처럼
애정어린 관심으로 돕겠습니다.
누군가 나에게 시기하고 질투해도
그로 인한 손해는 내가 가지며
이득은 오히려 그들이 갖게 하겠습니다.

마음 다해 정성껏 도왔던 그가
오히려 나에게 상처를 주더라도
마음 깊이 그를 참된 스승으로 보겠습니다.

내가 얻은 이익과 즐거움들은
다른 이들에게 아낌없이 회향하고
손해와 고통은 아무도 모르게 내가 받겠습니다.

원하옵건대, 이 마음 바람에 흔들리지 않게 하고
연기의 이치를 바로 깨달아
윤회의 속박에서 벗어나게 하옵소서.

- 티베트불교 까담파 랑리탕빠 스님의 기원문에서

마하반야바라밀다심경
摩訶般若波羅蜜多心經

관자재보살 행심반야바라밀다시 조견오온개공
觀自在菩薩 行深般若波羅蜜多時 照見五蘊皆空

도일체고액 사리자 색불이공 공불이색 색즉시공
度一切苦厄 舍利子 色不異空 空不異色 色卽是空

공즉시색 수상행식 역부여시 사리자 시제법공상
空卽是色 受想行識 亦復如是 舍利子 是諸法空相

불생불멸 불구부정 부증불감 시고 공중무색
不生不滅 不垢不淨 不增不減 是故 空中無色

무수상행식 무안이비설신의 무색성향미촉법
無受想行識 無眼耳鼻舌身意 無色聲香味觸法

무안계내지 무의식계 무무명 역무무명진 내지
無眼界乃至 無意識界 無無明 亦無無明盡 乃至

무노사 역무노사진 무고집멸도 무지역무득
無老死 亦無老死盡 無苦集滅道 無智亦無得

이무소득고　보리살타　의반야바라밀다고
以無所得故　菩提薩埵　依般若波羅蜜多故

심무가애　무가애고　무유공포　원리전도몽상
心無罣礙　無罣礙故　無有恐怖　遠離顚倒夢想

구경열반　삼세제불　의반야바라밀다고
究竟涅槃　三世諸佛　依般若波羅蜜多故

득아뇩다라삼막삼보리　고지반야바라밀다
得阿耨多羅三藐三菩提　故知般若波羅蜜多

시대신주　시대명주　시무상주　시무등등주
是大神呪　是大明呪　是無上呪　是無等等呪

능제일체고　진실불허　고설반야바라밀다주
能除一切苦　眞實不虛　故說般若波羅蜜多呪

즉설주왈
卽說呪曰

아제아제　바라아제　바라승아제　모지　사바하 (3번)
揭諦揭諦　波羅揭諦　波羅僧揭諦　菩提　娑婆訶

한글 반야심경

마하반야바라밀다심경

관자재보살이 깊은 반야바라밀다를 행할 때,

오온이 공한 것을 비추어 보고 온갖 고통에서 건지느니라.

사리자여! 색이 공과 다르지 않고

공이 색과 다르지 않으며,

색이 곧 공이요 공이 곧 색이니, 수 상 행 식도 그러하니라.

사리자여! 모든 법은 공하여 나지도 멸하지도 않으며,

더럽지도 깨끗하지도 않으며, 늘지도 줄지도 않느니라.

그러므로 공 가운데는 색이 없고 수 상 행 식도 없으며,

안 이 비 설 신 의도 없고,

색 성 향 미 촉 법도 없으며,

눈의 경계도 의식의 경계까지도 없고,

무명도 무명이 다함까지도 없으며,

늙고 죽음도 늙고 죽음이 다함까지도 없고,

고 집 멸 도도 없으며, 지혜도 얻음도 없느니라.

얻을 것이 없는 까닭에 보살은 반야바라밀다를 의지하므로

마음에 걸림이 없고 걸림이 없으므로 두려움이 없어서,

뒤바뀐 헛된 생각을 멀리 떠나 완전한 열반에 들어가며,

삼세의 모든 부처님도 반야바라밀다를 의지하므로

최상의 깨달음을 얻느니라.

반야바라밀다는 가장 신비하고 밝은 주문이며

위없는 주문이며

무엇과도 견줄 수 없는 주문이니,

온갖 괴로움을 없애고 진실하여

허망하지 않음을 알지니라.

이제 반야바라밀다주를 말하리라.

아제아제 바라아제 바라승아제 모지 사바하 (3번)

– 대한불교조계종 표준

오계 수지
五戒 受持

1. 생명 가진 존재를 해쳐서는 안 됩니다

부처님의 제자는 생명 가진 존재를 해쳐서는 안 되며, 다른 사람을 시켜서 해쳐서도 안 되며, 다른 사람이 해치는 것을 보고 묵인해서도 안 됩니다. 폭력을 두려워하는 모든 유정 생물에 대하여 폭력을 거두어야 합니다.

2. 주지 않는 것을 가져서는 안 됩니다

부처님의 제자는 다른 사람이 주지 않는 것을 가져서는 안 되며, 부정 부당한 방법으로 가져서도 안 되며, 다른 사람을 시켜서 부정하게 가져서도 안 되며, 다른 사람이 부당 취득하는 것을 묵인해서도 안 됩니다. 다른 사람이 주지 않는 것은 무엇이나 가져서는 안 됩니다.

3. 사음을 해서는 안 됩니다

부처님의 제자는 음행을 삼가야 하며, 다른 사람에게 음행을 시켜서도 안 되며, 다른 사람이 음행하는 것을 묵인해서도 안 됩니다. 만일 불음을 닦을 수 없더라도 남의 아내나 남편을 범해서는 안 됩니다.

4. 거짓말을 해서는 안 됩니다

부처님의 제자는 거짓말을 해서는 안 되며, 다른 사람에게 거짓말을 시켜서도 안 되며, 다른 사람이 거짓말하는 것을 묵인해서도 안 됩니다. 진실에 기초하지 않은 말을 해서는 안 됩니다.

5. 술을 먹어서는 안 됩니다

술을 먹으면 나태하고 마음을 흐리게 하는 원인이 됩니다. 부처님의 가르침에 따라서 수행하는 슬기로운 제자는 술을 마셔서는 안 되며, 다른 사람에게 술을 마시게 해서도 안 되며, 다른 사람이 술을 마시는 것을 묵인해서도 안 됩니다. 술은 사람을 취하게 하고 이성을 잃게 하기 때문에 불행의 원인을 피해야 하는 것입니다.

108배 참회 발원문

불교경전에 있는 중요 부분을 읽고 참회하며 그 가르침의 실천을 발원하는 글이다.

1번부터 108번까지 순서대로 읽고 절하면서, 지혜와 자비의 행을 다짐하고 현 시대에 필요한 생각과 언행을 실천하도록 엮어져 있다.

〈108배 참회〉만 단독으로 하는 것도 좋은 참회기도이며 신행과 건강증진에도 도움이 된다.

불교의 요점들이 간단간단히 정리 수록되어서 마음공부 불교공부에도 좋다.

108배 참회 발원문

저 자신의 심신을 맑고 건강하게 잘 다스리며 살고, 모든 생명체들이 슬기롭고 평화롭게 살아가는 세상이 되도록 108배를 올립니다.

1. 진리대로 오시어 지혜 복덕 갖추신 석가모니부처님 믿고 따르옵니다. (절)

2. 깨달아 두루 아시고 실행하시는 석가모니부처님 믿고 따르옵니다. (절)

3. 대자대비로 만 생명 구제하시는 석가모니부처님 믿고 따르옵니다. (절)

4. 극락세계 이끄시며 한량없는 수명이신 아미타부처님과 아픈 이를 살피시는 약사여래부처님 믿고 따르옵니다. (절)

5. 미래세계의 중생 구제하실 미륵부처님과 온 누리에 항상 계신 모든 부처님 믿고 따르옵니다. (절)

6. 무명과 욕망 벗어나게 하는 부처님 가르침을 믿고 따르옵니다. (절)

7. 대자비 관세음보살님께 귀의하여 자비를 행하겠습니다. (절)

8. 대지혜 문수보살님께 귀의하여 지혜롭게 살겠습니다. (절)

9. 대행원 보현보살님께 귀의하여 보살행 하겠습니다. (절)

10. 대원력 지장보살님께 귀의하여 중생구제 원력행을 하겠습니다. (절)

11. 마음으로 법 전하신 마하가섭 존자님, 말씀으로 법 전하신 아난 존자님과 역대 조사스님 믿고 따르옵니다. (절)

12. 온 누리에 항상 계신 모든 스님 믿고 따르옵니다. (절)

13. 올바르게 안전하게 살도록 하는 계율 지키기를 발원합니다. (절)

14. 부처님 교훈 아닌 잘못되고 거짓된 가르침에 현혹 되지 않을 것을 다짐합니다. (절)

15. 부처님의 가르침은 우리를 편안하게 슬기롭게 착하게 함을 의심하지 않을 것을 다짐합니다. (절)

16. 자신의 심신과 세상의 모든 물질은 변화한다는 사실을 깨닫고 순응합니다. (절)

17. 지금의 내 생각 또한 변한다는 사실을 깨닫고 순응합니다. (절)

18. 세상의 모든 존재는 홀로 아닌 관계로써 의존한다는 이치를 깨닫고 순응합니다. (절)

19. 불교를 비방하는 큰 죄악 짓지 않고 불교를 찬양하겠습니다. (절)

20. 승가나 단체의 화합을 깨는 죄악 짓지 않고 화합에 힘쓰겠습니다. (절)

21. 산 생명의 목숨을 끊었던 잘못을 참회합니다. (절)

22. 주지 않는 물건을 가졌던 잘못을 참회합니다. (절)

23. 삿된 음행을 하였던 잘못을 참회합니다. (절)

24. 거짓말을 하였던 잘못을 참회합니다. (절)

25. 꾸며대며 말을 하였던 잘못을 참회합니다. (절)

26. 이간질을 하였던 잘못을 참회합니다. (절)

27. 험악한 말을 하였던 잘못을 참회합니다. (절)

28. 탐욕심을 가졌던 잘못을 참회합니다. (절)

29. 화를 내었던 잘못을 참회합니다. (절)

30. 어리석은 생각을 하였던 잘못을 참회합니다. (절)

31. 술과 마약 등으로 정신을 잃었던 잘못을 참회합니다. (절)

32. 잡히어 죽을 목숨을 놓아줄 것을 다짐합니다. (절)

33. 어렵고 힘든 이들을 위해 항상 베풀고 봉사할 것을 다짐합니다. (절)

34. 어려움을 당해도 양심을 버리지 않을 것을 다짐합니다. (절)

35. 그릇된 행위에 대하여 수치심을 가질 것을 다짐합니다. (절)

36. 들뜬 마음으로 허둥대지 않을 것을 다짐합니다. (절)

37. 이치에 어긋나는 삿된 견해를 갖지 않을 것을 다짐

합니다. (절)

38. 자신의 장점을 과장하여 우월감을 갖지 않을 것을 다짐합니다. (절)

39. 자신의 단점에 낙심하여 열등감을 갖지 않을 것을 다짐합니다. (절)

40. 자신의 주장만 하지 않고 남의 의견도 들을 것을 다짐합니다. (절)

41. 한 쪽 말만을 듣거나 끊어진 한 면만을 보고 주장하지 않을 것을 다짐합니다. (절)

42. 원망하는 마음으로 괴로워하지 않겠습니다. (절)

43. 자신의 죄과를 얼버무려 감추려하지 않겠습니다. (절)

44. 위대한 척 거동하며 사람들에게 잘 보이려 하지 않겠습니다. (절)

45. 교만심과 자만심으로 질투하고 시기하는 마음을 내지 않겠습니다. (절)

46. 베풀기에 인색하지 않겠습니다. (절)

47. 꾸밈과 속임으로 상대를 교묘하게 설복하지 않겠습

니다. (절)

48. 다른 이를 해치고 괴롭히지 않겠습니다. (절)

49. 악한 일은 재물이 생겨도 하지 않고 착한 일을 하겠습니다. (절)

50. 마음을 어지럽혀 기억을 잃지 않겠습니다. (절)

51. 잠 많고 나태하지 않겠습니다. (절)

52. 태어나 살며 늙어가는 것은 고통스런 일임을 깨닫습니다. (절)

53. 병들고 죽게 되는 것은 고통임을 깨닫습니다. (절)

54. 사랑하고 헤어짐이 고통임을 깨닫습니다. (절)

55. 미워하며 함께함도 고통임을 깨닫습니다. (절)

56. 원하는 것을 얻지 못함이 고통임을 깨닫습니다. (절)

57. 이 몸을 유지하려 함이 고통임을 깨닫습니다. (절)

58. 번뇌와 고통은 지나친 집착으로 비롯된다는 것을 깨닫습니다. (절)

59. 고통으로부터 벗어난 열반의 즐거움이 있다는 것을 깨닫습니다. (절)

60. 진리대로 알고 바른 견해로써 모든 것을 보겠습니다. (절)

61. 넓고 깊고 올바르게 생각하겠습니다. (절)

62. 바른 말로 신중히 말하겠습니다. (절)

63. 정직하고 성실하게 행동하겠습니다. (절)

64. 진실하고 올바르게 생업을 이끌어가겠습니다. (절)

65. 정신 차려 열심히 자신을 관찰하겠습니다. (절)

66. 마음을 가다듬고 정신을 집중하며 살아갈 것을 다짐합니다. (절)

67. 남을 위해 베푸는 삶을 살아갈 것을 다짐합니다. (절)

68. 고통과 고난을 항상 참고 견디며 살아갈 것을 다짐합니다. (절)

69. 자신이 무엇인가 깊이 살피며 지혜로운 삶을 살아갈 것을 다짐합니다. (절)

70. 모든 일은 원인 따라 결과가 있다는 인과의 법칙을 마음에 깊이 새깁니다. (절)

71. 인연에 따라 모든 것이 생겨나고 사라진다는 진리에 순응하겠습니다. (절)

72. 오늘 불행은 지난 잘못으로 비롯된 것임을 알고 순응하겠습니다. (절)

73. 가족과 이웃을 원망하거나 탓하지 않겠습니다. (절)

74. 나의 존재가 있도록 해준 부모님의 은혜에 감사드립니다. (절)

75. 삶의 지혜를 가르쳐 주시는 스승님의 은혜에 감사드립니다. (절)

76. 생존을 위해 도움을 주는 이웃의 은혜에 감사드립니다. (절)

77. 나의 목숨을 영위케 하는 모든 생명들과 자연의 은혜에 감사드립니다. (절)

78. 삶을 지켜주는 공기와 물과 흙의 은혜에 감사드립니다. (절)

79. 몸에 병 없기를 바라지 않고 병고로써 양약을 삼을 것입니다. (절)

80. 세상살이에 곤란 없기를 바라지 않을 것입니다. (절)

81. 공부에 장애 없기를 바라지 않고 장애 속에 해탈을

얻을 것입니다. (절)

82. 수행하는 데 마장 없기를 바라지 않고 마군으로써 벗을 삼을 것입니다. (절)

83. 일을 꾀하되 쉽게 되기를 바라지 않고 인내와 노력으로 일을 성취할 것입니다. (절)

84. 친구를 사귀되 내가 이롭기를 바라지 않고 순결로써 오래 사귈 것입니다. (절)

85. 남이 내 뜻대로 순종해 주기를 바라지 않고 내 뜻에 맞지 않아도 함께할 것입니다. (절)

86. 공덕을 베풀되 과보를 바라지 않고 할 것입니다. (절)

87. 이익을 분에 넘치게 바라지 않고 적은 이익도 부자로 여길 것입니다. (절)

88. 억울함을 당하여 밝히려 하지 않고 수행하는 문을 삼을 것입니다. (절)

89. 모든 이에게 언제나 즐거움을 베풀겠습니다. (절)

90. 이웃 아픔을 내 아픔같이 여기고 고통에서 구해내겠습니다. (절)

91. 다른 이의 기쁨을 자신의 기쁨으로 받아들이겠습니다. (절)

92. 평등심으로 모든 이를 대하여 사랑과 미움의 구별을 하지 않겠습니다. (절)

93. 자식을 사랑하되 소유욕은 가지지 않겠습니다. (절)

94. 심신에 장애가 있는 이들과 함께 사랑을 나누겠습니다. (절)

95. 북한이나 외국에서 이 땅에 온 이주자와 노동자들을 내 형제처럼 생각하겠습니다. (절)

96. 남을 업신여기는 행동을 하지 않고 항상 자신을 낮추며 살아가겠습니다. (절)

97. 분수에 맞게 사치하지 않고 검소하고 근면할 것을 다짐합니다. (절)

98. 경·율·론 삼장을 쓰고 전하기를 다짐합니다. (절)

99. 스승님과 대중에게 항상 공양할 것을 다짐합니다. (절)

100. 남을 위해 부처님의 가르침을 널리 펼 것을 다짐합니다. (절)

101. 경을 읽거나 설법하는 것을 자세히 들을 것을 다짐합니다. (절)

102. 바쁜 가운데도 설법 듣고 경전을 읽고 외울 것을 다짐합니다. (절)

103. 부처님의 가르침을 받아 기억할 것을 다짐합니다. (절)

104. 날마다 부처님의 가르침을 몸소 실천하고 수행할 것을 다짐합니다. (절)

105. 가이 없는 중생을 다 구원할 것을 발원합니다. (절)

106. 다함없는 번뇌를 다 끊어버릴 것을 발원합니다. (절)

107. 한량없는 법문을 다 배울 것을 발원합니다. (절)

108. 더없이 높은 불도를 다 이룰 것을 발원합니다. (절)

참회하고 발원하는 공덕이 주위의 어렵고 힘든 사람들과 함께 하길 바라며, 모든 사람들이 평화롭고 행복하기를 발원합니다.

三

아미타 참법

『무량수경』에 "법장 비구가 48대원을 세우고 수많은 생애 만에 성취하여서 극락세계 교주이신 아미타불이 되셨다."고 했다. 그 48대원을 독송하며 절을 올리고 서원을 다짐하도록 하였다.

본 〈미타 참법〉은 미타정토신앙의 핵심 내용이며 아미타기도, 왕생발원기도, 선망조상 영가천도 업장소멸 왕생극락 기도, 49재 천도재 등을 행할 때 독송하면 좋은 공덕을 짓게 된다.

불교의식 모음집인 『석문의범(釋門儀範)』에 불교수행의 주요 부분을 염송하는 장엄염불문이 있다. 이 부분을 현대어로 독송하는 염불신행을 통해, 자신의 업장소멸과 지혜증장, 복덕증장을 꾀하도록 했다. 상·하 두 편으로 나누어 할 수 있다.

---

* 〈미타 참법〉의 불보살 명호는 『아미타경』에 있는 명호다.
* 절은 모두 106번 한다(상·하 합계).
* 〈아미타불 과거인행 마흔 여덟 가지 원력〉은 하나씩 독송하며 절을 올리고 서원한다. 번호와 한문음 다섯 자는 읽지 않는다. 혹 시간을 줄이고자 하면 한문음만 읽고 번역문을 생략할 수도 있다.

〈미타 참법〉 상

지극한 마음으로 극락도사 아미타부처님께 절합니다. (절)

지극한 마음으로 무량수여래 아미타부처님께 절합니다. (절)

지극한 마음으로 무량광여래 아미타부처님께 절합니다. (절)

『무량수경(無量壽經)』에서 부처님께서 아난에게 말씀하셨다.

과거 한량없는 세월 전에 부처님이 계셨으니, 그 이름이 세자재왕여래이셨고 십호를 구족하셨다. 그때에 한 국왕이 부처님의 설법을 듣고 무상도를 구하고자 하는 마음을 일으켜 나라를 버리고 왕위를 던져두고는 사문이 되었으니, 그 이름이 법장이었다.

그는 재주가 뛰어나고 지혜롭고 용맹스러웠다. 세자재왕여래께 "저는 무상도를 구하고자 하는 마음을 일으켰으니 원하옵건대 법을 설하여 주옵소서. 저는 마땅히 이 세상에서 속히 정각을 이루어 모든 생사고통의 근본을 뽑아버리겠나이다."라고 아뢰었다. 이때에 세자재왕부처님께서 법장 비구를 위하여 이백십 억이나 되는 모든 부처님 국토의 천신과 인간과 선과 악과 그 국토의 대강의 모습과 자세한 부분을 가르쳐 주셨다.

법장 비구는 설법을 듣고 다섯 겁을 수행하고는 "세자재왕여래 전에 마흔여덟 가지의 뛰어나고 훌륭한 대원을 세웠다."라고 하셨다.

아미타불 과거인행 마흔 여덟 가지 원력
彌陀因行四十八願 願力

1. 악취무명원(惡趣無名願)

제가 성불하는 국토에는 지옥, 아귀, 축생이 없기를 서원합니다. (절)

2. 무타악도원(無墮惡道願)

제가 성불하는 국토에는 삼악도에 떨어지는 자 없기
를 서원합니다. (절)

3. 동진금색원(同眞金色願)

제가 성불하는 국토에는 유정들이 모두 동일한 순금
빛 되기를 서원합니다. (절)

4. 형모무차원(形貌無差願)

제가 성불하는 국토에는 유정들 모습이 곱고 추한 차
별 없기를 서원합니다. (절)

5. 성취숙명원(成就宿命願)

제가 성불하는 국토에는 유정들이 숙명통을 얻어 무
량세월 전 일들을 알게 되기를 서원합니다. (절)

6. 생획천안원(生獲天眼願)

제가 성불하는 국토에는 유정들이 천안통을 얻어서 무량
세월 전 모든 부처님 국토를 보게 되기를 서원합니다. (절)

7. 생획천이원(生獲天耳願)

제가 성불하는 국토에는 유정들이 천이통을 얻어서 무

량세월 모든 부처님 설법 듣게 되기를 서원합니다. (절)

8. 실지심행원(悉知心行願)

제가 성불하는 국토에는 유정들이 타심통을 얻어서 무량한 불국토 유정들의 마음작용 알게 되기를 서원합니다. (절)

9. 신족초월원(神足超越願)

제가 성불하는 국토에는 유정들이 신족통을 얻어서 일념 지간에 백억 불국토를 지날 수 있기를 서원합니다. (절)

10. 정무아상원(淨無我想願)

제가 성불하는 국토에는 유정들이 나다, 내 것이라는 생각을 일으키지 않기를 서원합니다. (절)

11. 결정정각원(決定正覺願)

제가 성불하는 국토에는 유정들이 결정코 등정각 이루기를 서원합니다. (절)

12. 광명보조원(光明普照願)

제가 성불하는 국토에는 유정들의 몸에서 나는 광명이 한계가 없어 무수한 부처님세계 비추기를 서원합

니다. (절)

13. 수량무궁원(壽量無窮願)

제가 성불하는 국토에는 유정들의 수명이 한계가 없어 무량하기를 서원합니다. (절)

14. 성문무수원(聲聞無數願)

제가 성불하는 국토에는 성문이 수가 무량하기를 서원합니다. (절)

15. 중생장수원(衆生長壽願)

제가 성불하는 국토에는 유정들의 수명이 무한하기를 서원합니다. (절)

16. 개획선명원(皆獲善名願)

제가 성불하는 국토에는 유정들 모두가 좋은 이름 가지기를 서원합니다. (절)

17. 제불칭찬원(諸佛稱讚願)

제가 성불할 경우, 저 한량없는 불국토의 많은 부처님들께서 다 같이 저의 국토를 칭찬하기를 서원합니다. (절)

18. 십념왕생원(十念往生願)

제가 성불할 경우, 다른 국토의 유정들이 저의 이름을 듣고는 저의 국토에 태어나기를 원하는 생각이 열 번이면 저의 불국토에 태어나기를 서원합니다. 단, 오무간업의 죄를 지었거나 정법을 비방했거나 성인을 해친 자는 제외하겠습니다. (절)

19. 임종현전원(臨終現前願)

제가 성불할 경우, 다른 국토의 유정들이 보리심을 일으켜서 극락세계에 태어나고자 원한다면 저는 마땅히 그 사람의 임종에 저의 모습 나타내기를 서원합니다. (절)

20. 회향개생원(回向皆生願)

제가 성불할 경우, 다른 국토의 유정들이 저의 이름을 듣고 선근을 회향하여 저의 국토에 태어나고자 한다면 모두 왕생하게 되기를 서원합니다. (절)

21. 구족묘상원(具足妙相願)

제가 성불하는 국토에 있는 보살이 삼십이상을 갖추기를 서원합니다. (절)

22. 함계보처원(咸階補處願)

제가 성불하는 국토에 있는 보살이라면 모두 그 계위가 일생보처보살 되기를 서원합니다. (절)

23. 신공타방원(晨供他方願)

제가 성불하는 국토에 있는 보살이 이른 아침에 다른 세계에 계신 수많은 부처님께 공양을 올리고도 식사 전에 본국으로 돌아올 수 있게 되기를 서원합니다. (절)

24. 소수만족원(所須滿足願)

제가 성불하는 국토에는 보살이 모든 부처님 전에 갖추어야 할 갖가지 공양의 도구와 심어야 할 갖가지 선근을 두루 원만하게 만족하기를 서원합니다. (절)

25. 선입본지원(善入本智願)

제가 성불하는 국토의 보살이 일체지에 훌륭하게 따라 들어가기를 서원합니다. (절)

26. 나라연력원(那羅延力願)

제가 성불하는 국토의 보살이 나라연처럼 강한 힘이 있기를 서원합니다. (절)

27. 장엄무량원(莊嚴無量願)

제가 성불하는 국토에는 모든 장엄구를 총체적으로 알고 널리 설명할 수 있는 자가 있기를 서원합니다. (절)

28. 보수실지원(寶樹悉知願)

제가 성불하는 국토에 있는 한량없이 많은 색색의 나무들을 모든 보살들이 빠짐없이 알게 되기를 서원합니다. (절)

29. 획승변재원(獲勝辯才願)

제가 성불하는 국토에 사는 중생들이 뛰어난 변재를 얻기를 서원합니다. (절)

30. 대변무변원(大辯無邊願)

제가 성불하는 국토에 계신 보살이 끝이 없는 변재를 성취하기를 서원합니다. (절)

31. 국정보조원(國淨普照願)

제가 성불한다면, 그 국토는 빛이 나고 깨끗하여 널리 부처님 세계를 비추리니, 마치 밝은 거울에 그

형상이 나타나는 것과 같아지기를 서원합니다. (절)

32. 무량승음원(無量勝音願)

제가 성불한다면, 그 국토에는 한량없이 많은 소리가 있고 그 빼어남은 이 세상과 비교할 수 없게 되기를 서원합니다. (절)

33. 몽광안락원(蒙光安樂願)

제가 성불한다면, 시방 세계의 중생들이 저의 광명에 덮일 것이며, 빛을 받은 자들은 몸과 마음이 편안하고 즐겁게 되기를 서원합니다. (절)

34. 성취총지원(成就總持願)

제가 성불할 경우, 시방 세계의 보살들이 제 이름을 듣고 다라니를 성취하기를 서원합니다. (절)

35. 영리여신원(永離女身願)

제가 성불할 경우, 모든 불국토에 있는 여인들이 제 이름을 듣고는 청정한 마음을 내어 보리심을 발해서 왕생하고 여인의 몸 벗어나기를 서원합니다. (절)

36. 문명지과원(聞名至果願)

제가 성불할 경우, 모든 불국토에 있는 보살들이 제 이름을 듣고 수행하여 깨달음 이루도록 서원합니다. (절)

37. 천인경례원(天人敬禮願)

제가 성불할 경우, 시방 세계의 보살들이 제 이름을 듣고 청정한 마음을 일으키고 모든 천신과 인간이 그를 공경하게 되기를 서원합니다. (절)

38. 수의수념원(須衣隨念願)

제가 성불한다면 그 국토에 사는 중생들은 필요한 의복을 생각만하면 얻게 되기를 서원합니다. (절)

39. 자생심정원(纔生心淨願)

제가 성불할 경우, 모든 중생들이 잠깐 동안만이라도 저의 국토에 살면서 모두 마음이 맑고 편안하고 즐겁기가 아라한과 같이 되기를 서원합니다. (절)

40. 수현불찰원(樹現佛刹願)

제가 성불한다면 그 국토에 사는 중생들이 모든 부처님의 청정한 국토를 보고자 원하기만 하면 보배

나무 사이로 모두 나타나기를 서원합니다. (절)

41. 무제근결원(無諸根缺願)

제가 성불할 경우, 다른 국토의 중생이 저의 이름을 듣고 육근에 결함없고 덕의 효용이 널리 미치기를 서원합니다. (절)

42. 현증등지원(現證等持願)

제가 성불할 경우, 다른 국토의 보살이 저의 이름을 듣고 삼매 증득하기를 서원합니다. (절)

43. 문생호귀원(聞生豪貴願)

제가 성불할 경우, 다른 국토의 보살이 저의 이름을 듣고 수명이 다해 부유하고 귀한 집안에 태어나기를 서원합니다. (절)

44. 구족선근원(具足善根願)

제가 성불할 경우, 다른 국토의 보살이 저의 이름을 듣고 수행하여 선근이 구족하기를 서원합니다. (절)

45. 공불견고원(供佛堅固願)

제가 성불할 경우, 다른 불국토의 보살이 저의 이름을 듣고 모든 부처님께 공양을 올리고 깨달음에 이르는 일에서 물러서는 자 없기를 서원합니다. (절)

46. 욕문자문원(欲聞自聞願)

제가 성불할 경우, 그 국토에 있는 보살이 듣고자하는 법이 있으면 자연히 들을 수 있기를 서원합니다. (절)

47. 보리무퇴원(菩提無退願)

제가 성불할 경우, 다른 국토의 보살이 저의 이름을 듣고 보리심에서 물러서는 자 없기를 서원합니다. (절)

48. 현획인지원(現獲忍地願)

제가 성불할 경우, 다른 국토의 보살이 저의 이름을 듣고 인지를 얻어 모든 부처님 법문을 분명히 증득하고 물러서지 않는 마음 얻기를 서원합니다. (절)

부처님께서 아난에게 말씀하셨다.

"옛날의 법장 비구는 지금 서방정토 극락세계의 교주이신 무량수 아미타불이시다. 그 국토는 매우 아름답고 수명은 한량없으며 그 권속도 말이나 생각으로 가히 헤아릴 수 없으니 그 모든 것들이 바로 인행할 때에 세운 대원으로써 성취된 것이다."

오늘 이 도량의 동업대중들은 경전에서 말씀하신 것처럼 사십팔원을 일으켜 인행을 닦아 장엄하고자 다 같이 지극한 마음으로 오체투지하고 시방삼세 두루하신 모든 부처님께 귀의합니다. (절)

시방삼세 두루하신 석가모니 부처님께 귀의합니다. (절)
시방삼세 두루하신 부처님 가르침에 귀의합니다. (절)
시방삼세 두루하신 모든 스님들께 귀의합니다. (절)

또 다시 이와 같은 시방 진허공계의 모든 삼보와 한량없는 현성께 귀의합니다. (절)

오늘 이 도량의 동참대중이여, 앞에서 시방 삼보께 귀의하기를 마쳤으니 다음은 의심을 끊고 믿음만 내어야 한다.

중생이 무시이래로 지금에 이르도록, 갖가지 의혹을 마음에 내어 정토에 나기를 구하려 하지 않았다. 설령 정토에 나고자 하더라도 법문을 몰라 잡선(雜善)만 많이 닦아, 인천의 번뇌를 끊지 못했다. 또한 화보인과로 윤회를 벗어나지 못하고 그 생사를 받아 고뇌가 한량없다. 그러므로 미혹중생을 위해 자비를 베푸신 성현의 가르침 중에서, 중생의 갖가지 의혹을 차단한 것을 가려내어 하나하나 풀이한다.

『칭찬소』에서 "인(因)은 단지 하루 내지 7일만 닦아도 과(果)는 영원한 아비발치[4]를 얻는다."라고 말씀하셨는데, 이와 같은 경계는 사람의 이목을 놀라게 한다. 부처님께서 계실 때나 정법[5] 중에는 중생의 복이 훌륭하고 믿음과 지혜가 깊고 두터워, 부처님께서 한번 말씀하심을 듣고 믿어 의심치 않았다. 그러나 상법[6]과 말법[7] 중에는 중생들의 복이 열등하고 믿음과 지혜가 얕고 박하여, 이와 같은 법을 들으면 곧 의심을 내고 비방한다.

이런 까닭으로 석가세존께서 이 경을 말씀하실 때, 시방의 십항하사[8] 같은 모든 불여래께서 크게 신통 변화를 나타내시고 진실된 말씀을 하시며 세존께서 말씀하신 것이 잘못이 아님을 증명하셨다. 그럼에도 지금 믿음이 없는 자가 서방정토의 업을 닦는다는 말을 듣고는 삿되었다고 물리쳐 버리니, 정법을 비방하는 죄가 어찌 두렵지 않다 말하겠는가. 무릇 삼보의 제자는 마땅히 오직 부처님 말씀 믿기를 마치 신하가 반드시 왕의 말을 믿듯이, 자식이 반드시 아버지의 교훈을 믿듯이 하여야 한다.

대중들은 마땅히 부처님의 말씀에 의지해서 가르침대로 수행하여 의혹하지 마라. 우리가 무시이래로 지금까지 지녀온 모든 의혹과 중죄업장을 참회하여 제거하지 않는다면 왕생할 길이 없다. 그러므로 마땅히 각각 사람마다 머리에 타는 불을 끄듯 예참을 구하여 속히 청정케 하여, 아직 짓지 않은 죄를 감히 다시 짓지 않도록 하며 서로 지심으로 오체투지하고 세간의 대자대비하신 부처님께 귀의해야 한다.

〈미타 참법〉 하

지심귀명례 교주석가모니불 (절)

지심귀명례 세자재왕불 (절)

지심귀명례 극락교주 아미타불 (절)

지심귀명례 아촉불 (절)

지심귀명례 수미상불 (절)

지심귀명례 대수미불 (절)

지심귀명례 수미광불 (절)

지심귀명례 묘음불 (절)

지심귀명례 일월등불 (절)

지심귀명례 명문광불 (절)

지심귀명례 대염견불 (절)

지심귀명례 수미등불 (절)

지심귀명례 무량정진불 (절)

지심귀명례 무량수불 (절)

지심귀명례 무량상불 (절)

지심귀명례 무량당불 (절)

지심귀명례 대광불 (절)

지심귀명례 대명불 (절)

지심귀명례 보상불 (절)

지심귀명례 정광불 (절)

지심귀명례 대자대비 관세음보살 (절)

지심귀명례 대희대사 대세지보살 (절)

지심귀명례 일체청정 대해중보살 (절)

다시 또 이와 같은 시방 진허공계의 모든 삼보와 한량
없는 현성께 귀의합니다. (절)

　오늘 이 도량의 동참대중이여, 마땅히 마음과 귀를
기울어 자세히 듣고 의심과 장애를 없애고 신심(身心)
이 해탈하여, 삼악도[9]에서 벗어나기를 원하고 구품[10]
에 나기를 구하라.

아미타불 본심미묘진언

다야타 옴 아리다라 사바하 (7독)

참회문
懺悔文

보리심을 일으키려면 반드시 참회를 해야 한다.

    오늘 이 도량의 동참대중이여, 경에 말씀 하시기를 "범부는 속박이라 하고, 성인은 해탈이라 한다."고 하였다. 속박은 삼업[11]으로 일으킨 악이요, 해탈은 삼업이 무애한 선(善)이니라.

    모든 성인들은 여기에 안심하고 지혜와 방편의 무량한 법문으로 중생의 선·악업을 분명히 안다. 한 몸으로 무량한 몸이 되고 한 형상으로서 갖가지로 변화하기도 하며, 한 겁[12]을 줄여서 하루를 만들기도 하고 하루를 늘려서 한 겁을 만들기도 하며, 수명을 정지하여 영원히 멸하지 않게도 하고 무상을 나타내어 열반을 보이기도 한다. 신통과 지혜로 출몰이 자재하고 날아다니기를 성품에 맞게 하여, 공중에서 앉거나 눕기도 하며 물 위에서 거닐기를 땅과 같이하여 험난하지 아니 하나니, 끝까지 공적한 데 깃들어 있고 만법을 통달하여 공과 유를 함께 밝히며 변재(辯才)를 성취하고 지혜가 걸림이 없느니라.

이러한 법들은 악업으로부터 나는 것이 아니며, 탐심·진심·질투심으로부터 나는 것이 아니며, 어리석은 사견(邪見)으로부터 나는 것이 아니며, 게으르고 해태함으로부터 나는 것이 아니며, 교만하고 방자함으로부터 나는 것이 아니니라.

오직 삼가고 조심하여 악업을 짓지 아니하고, 부지런히 선업을 행함으로부터 나는 것이니라.

어디서나 모든 선업을 닦고 부처님 말씀을 순종하는 사람으로서, 빈궁자를 보았는가. 누추한 이를 보았는가. 여러 가지 고질로 폐인이 된 이나 비천한 데 태어나 여러 사람의 업신여김을 받는 이를 보았는가. 무슨 말을 하거나 남의 신용을 얻지 못하는 이를 보았는가. 이제 이 몸으로 증거하리니, 한 사람이라도 부처님 말씀을 순종하여 여러 가지 공덕을 닦으며 제 몸을 위하지 않는 이로서 나쁜 과보를 받는 이는 없을 것이다.

오늘 이 도량의 동참대중이여, 사람으로서 장애나 병고 없이 평안하게 살고 마침내 성인의 자리에 들어가려거든, 부처님의 가르침대로 행을 닦되 조그만 괴로움 때문에 해태한 생각 내지 말고 스스로 노력하여 죄업을 참회할지니라.

경에 말씀하시기를, "죄는 인연을 좇아 나고 인연을 좇아 멸한다." 하였느니라. 이미 범부를 면치 못하였으니 가는 데마다 아득함이 많으리라. 스스로 참회하지 않고서야 어떻게 벗어나리오.

오늘날 서로서로 용맹심을 일으켜 발로 참회할지니, 참회하는 힘은 불가사의하니라. 어떻게 아는가. 아사세[13]왕이 대역죄를 지었다가 크게 뉘우치고 참회하여 무거운 죄의 고통을 가볍게 받았느니라.

또 참법은 행하는 모든 사람으로 하여금 안락을 얻게 하나니, 만일 스스로 행하되 지성으로 노력하여 머리를 조아리며 참회하고 귀의하여 끝까지 다하면 부처님을 감동시키지 못함이 없으리라.

악업의 과보는 소리의 메아리 같아 어긋나지 않나니 마땅히 두려운 줄 알고 끝까지 참회하되, 각각 지극한 마음으로 다같이 간절하게 오체투지하고 마음으로 생각하고 입으로 말하되 "부처님께 애원간청하옵나니 어여삐 여기시옵소서." 할지니라.

우리의 고액(苦厄)을 구해주시고 대자대비로 감싸주시며 깨끗한 광명을 놓아 어리석고 캄캄함을 없애주소서.

나와 여러 사람들 지옥의 괴로움이 있더라도 우리들에게 먼저 오시어 안락을 얻게 하소서.

저희들 머리를 조아려 구원해주시는 이에게 예배하오며 세간의 자비하신 부처님께 다함께 귀의합니다.

지심귀명례 본사석가모니불 (절)

지심귀명례 세자재왕불 (절)

지심귀명례 아미타불 (절)

지심귀명례 염견불 (절)

지심귀명례 최승음불 (절)

지심귀명례 난저불 (절)

지심귀명례 일생불 (절)

지심귀명례 망명불 (절)

지심귀명례 사자불 (절)

지심귀명례 명문불 (절)

지심귀명례 명광불 (절)

지심귀명례 달마불 (절)

지심귀명례 법당불 (절)

지심귀명례 지법불 (절)

지심귀명례 범음불 (절)

지심귀명례 수왕불 (절)

지심귀명례 향상불 (절)

지심귀명례 향광불 (절)

지심귀명례 잡색보화엄신불 (절)

지심귀명례 사라수왕불 (절)

지심귀명례 보화덕불 (절)

지심귀명례 견일체의불 (절)

지심귀명례 여수미산불 (절)

참회진언

옴 살바 못자못지 사다야 사바하 (7독)

장엄염불

내가 잡은 이 염주는 온 법계의 묘관이며
허공으로 끈을 삼아 꿰지 못함 전혀 없네.
평등하신 노사나불 안 계신 곳 어디인가.
서방으로 아미타불 관하고 또 구하려네.
법장 비구 사십팔원 인행 닦아 장엄하신
서방정토 극락세계 다스리는 주인이신
무량수 여래불께 두 손 모아 귀의하고
무량광 여래불께 마음 모아 따릅니다.
서방정토 극락세계 아미타불 계시는 곳
아름답게 장엄하심 열 가지로 열거하면
법장 비구 서원 닦는 인행으로 장엄하고
사십팔원 크나크신 원력으로 장엄하고
아미타불 다른 명호 수광으로 장엄하고
삼대사의 십육관상 보상으로 장엄하고

아미타불 극락정토 안락으로 장엄하고
보배 냇물 청정하온 공덕수로 장엄하고
보전이며 누각이며 여의보로 장엄하고
주야장원 끝났으나 시분으로 장엄하고
이십사락 즐거움을 정토 가득 장엄하고
서른 가지 이익되는 공덕으로 장엄하네.
나무 아미타불 **(10독)**

석가여래 팔상성도
釋迦如來 八相成道

욕계색계 무색계의 자상하신 길잡이며
태란습화 모든 생명 자애로운 어버이로
사바세계 교주이며 저희들의 크신 스승
석가모니부처님을 팔상으로 뵈옵고
믿고 따라 행하고자 하옵니다.

도솔에서 백상 타고 마야 태중 드는 모습

가비라에 탄생하사 사자후를 하는 모습
사대문 밖 삶의 실상 깊이 느껴 가는 모습
성을 넘고 가족 떠나 멀리 출가하는 모습
갖가지로 고행하고 선정행을 닦는 모습
보리수하 앉으시어 깨달음을 여는 모습
녹야원에서 오비구에게 최초로 설법하는 모습
쿠시나가라 사라수 아래 대열반에 드는 모습
나무 아미타불

제불보살 십종대은
諸佛菩薩 十種大恩

과거현재 미래세상 시방세계 항상 계신
불보살님 크신 은혜 열 가지로 열거하며 감사드립니다.

발심하여 중생에게 두루 널리 입힌 은혜
어려운 행 닦으시고 힘든 고행 닦은 은혜
한결같이 남을 위해 보살행을 닦는 은혜

육도중생 형상 따라 여러 모습 나툰 은혜
중생들의 근기 따라 끊임없이 애쓴 은혜
크나크신 연민의 정 깊고 또한 중한 은혜
부처 모습 숨긴 채로 중생 모습 나툰 은혜
참된 실상 가르치려 방편설법 보인 은혜
열반 모습 보이시어 선을 내게 하신 은혜
크신 사랑 크신 염려 끝내 다함 없는 은혜
나무 아미타불

보현보살십종대원
賢 菩 薩 十 種 大 願

대방광불 화엄경 불가사의 해탈경계
보현보살 크신 원력 열 가지를 염송하고 서원합니다.

한량없는 부처님께 예경하기 원하오며　　　　禮敬諸佛願
시방세계 모든 여래 찬탄하기 원하오며　　　　稱讚如來願
두루 널리 공양 올림 행하기를 원하오며　　　　廣修供養願

참회하여 모든 업장 없어지기 원하오며	懺除業障願
남 좋은 점 기뻐하는 공덕 쌓기 원하오며	隨喜功德願
설법하여 주시기를 청하옵기 원하오며	請轉法輪願
부처님이 이 세상에 머무시기 원하오며	請佛住世願
부처님을 항상 따라 공부하기 원하오며	常隨佛學願
언제든지 중생들을 따라주기 원하오며	恒順衆生願
지은 공덕 두루 모두 회향하기 원합니다	普皆廻向願

나무 아미타불 (10독)

다생부모십종대은
多生父母十種大恩

한량없는 예로부터 다겁 생에 걸친 이래
부모님의 크신 사랑 열 가지로 열거하며
크신 은혜 보답하길 서원하며 명심합니다.

태에 품어 지켜주고 보호하여 주신 은혜	懷耽守護恩
낳으실 때 여러 가지 심한 고통 받은 은혜	臨産受苦恩

아기 낳고 온갖 시름 모두 모두 잊은 은혜　生子忘憂恩

쓴 것 단 것 골라가며 사랑으로 채운 은혜　烟苦吐甘恩

젖은 자리 마른 자리 갈아가며 눕힌 은혜　廻乾就濕恩

젖 먹여서 기르시고 가르치신 크신 은혜　乳哺養育恩

똥오줌도 마다 않고 갈아주고 씻긴 은혜　洗濁不淨恩

멀리 가면 올 때까지 걱정하며 애쓴 은혜　遠行憶念恩

자식 위해 몹쓸 짓도 마다하지 않은 은혜　爲造惡業恩

숨 거두는 그날까지 사랑하여 주신 은혜　究竟憐愍恩

나무 아미타불

오종대은명심불망
五種大恩銘心不忘

다섯 가지 크신 은혜 마음속에 새겨두어

언제든지 어디서든 결코 잊지 않을 것을 다짐합니다.

어디서나 마음 편히 살 수 있는 나라 은혜　各安其所國王之恩

낳으시고 기르시며 고생하신 부모 은혜　生養劬勞父母之恩

바른 법을 일러주고 깨우치신 스승 은혜　　流通正法師長之恩

의식주와 생활용품 제공해준 모든 은혜　　四事供養檀越之恩

서로서로 탁마하며 붙들어준 도반 은혜　　琢磨相成朋友之恩

이들 은혜 갚기 위해 일념으로 염불하네　　當可爲報唯此念佛

나무 아미타불

고성염불십종공덕
高聲念佛十種功德

목소리를 가다듬고 온갖 정성 다 기울여
염불하는 공덕으로 열 가지를 염송합니다.

첫째로는 졸음마장 없애주는 공덕이고　　一者功德能排睡眠

둘째로는 천마들이 달아나는 공덕이고　　二者功德天魔驚怖

셋째로는 염불소리 퍼져가는 공덕이고　　三者功德聲邊十方

넷째로는 삼도중생 고통쉬는 공덕이고　　四者功德三途息苦

다섯째는 바깥소리 차단되는 공덕이고　　五者功德外聲不入

여섯째는 염불마음 한결같은 공덕이고　　六者功德念心不散

일곱째는 용맹정진 이뤄가는 공덕이고	七者功德勇猛精進
여덟째는 제불보살 기뻐하는 공덕이고	八者功德諸佛歡喜
아홉째는 염불삼매 현전하는 공덕이고	九者功德三昧現前
열째로는 정토세계 왕생하는 공덕이라	十者功德往生淨土

나무 아미타불 (10독)

육바라밀〔六度〕

나누고 봉사하는 보시(布施)바라밀로 인색함을 버리고, 불자 오계(五戒)¹⁴⁾와 생활수칙 지키는 지계(持戒)바라밀로 번뇌고통 예방하고, 인욕(忍辱)바라밀로 힘겨움도 노여움도 참아내며 겸손하고, 정진(精進)바라밀로 쉼 없이 꾸준하게 신행하고, 선정(禪定)바라밀로 지금 여기에 한마음을 집중하여 통찰하고, 지혜(智慧)바라밀로 자유롭고 평화롭고 고해 해탈 행복경지 이르기를 발원합니다.

참회진언

옴 살바 못자못지 사다야 사바하 (7독)

이 자리에 참회하는 저희들이 죄업은 소멸되고 길상한 복을 맞아 극락세계에 왕생하기를 소원하오니, 일생에 지은 죄업 얼음같이 녹아지고 모든 인연 깨끗하여, 깨닫는 마음 진여의 이치에 향하고, 돌이켜 일승의 묘한 길에 나아가게 하오며, 괴로운 인연 깨끗한 세계로 변하고 일문권속들이 백년토록 오래 살며, 친한 이도 원수들도 골고루 은혜를 입어, 성인이나 범부들이 함께 깨달아서 행복경지 도달하기를 원합니다.

지금 예문대로 참회하였사오나 미세한 죄업 남았을까 걱정하오니, 여러 대중들이 함께 참회합니다.

원하옵나이다. 법계의 사생육도 중생들이 수많은 세월 동안 거듭나면서 지어온 모든 죄업을 없애주소서. 또 저희들이 지금 참회하오며 예배하오니 모든 죄업이 다 없어지고 세세생생에 항상 보살도를 행하게 하옵소서.

원컨대 이 공덕이 온 누리에 두루하여 저와 일체 중생들이 이 극락세계에 왕생하고 무량수불 친견하여 모두 성불하기를 지심발원하옵니다. (3배)

육념〔六念〕

염불〔念佛〕 염법〔念法〕 염승〔念僧〕

염계〔念戒〕 염시〔念施〕 염천〔念天, 念世上〕

불법승을 믿고 알아 따르기를 염원하고,

불자 오계〔五戒〕와 국법과 생활수칙을 지키고,

불교를 알려주고 인도하는 법보시〔法施〕와

재화 물건 나눠주는 재보시〔財施〕와

노력과 재능으로 어려움 두려움 없애주는

무외보시〔無畏施〕 행하기를 염원하고,

서로 존중 배려하여 자유롭고 평안하고

평화로운 세상 이루기를 염원하고,

내생에는 왕생극락하기를 염원합니다.

약사여래 참법

〈약사여래 참법〉은 사람과 생명들이 온갖 병으로 고통 받고 있는 바, 이 병에서 벗어나게 하는 약사유리광부처님의 열두 가지 원(12대원)을 독송하고 참회하며 발원하는 장이다.

중생의 병고도 불법승을 믿고 알고 따르면서 계행을 잘 지키면 예방할 수 있다. 그러므로 『범망경』 보살계본의 십중대계(十重大戒)문을 지송하고 지키고자 서원한다.

몸과 마음이 건강하여 평안하게 살고 평화로운 세상 되기를 발원한다.

---

* 약사재일기도 법회를 봉행할 때, 또는 몸과 마음이 불편하고 병고가 있거나 집안에 근심 걱정이 있을 때 약사참법기도를 한다.
* 몸이 불편한 기도자는 앉아서 합장 반배로 절하며 기도할 수도 있다.
* 절은 모두 70배를 한다.

예경

청정수를 길어다가 감로다로 만들어서
약사전에 올리오니 자비로써 받으소서
동방만월 유리세계 열두 가지 원 세우신
약사여래 부처님께 귀명정례하옵니다. (절)
좌보처 일광변조 소재보살님께 귀명정례하옵니다. (절)
우보처 월광변조 식재보살님께 귀명정례하옵니다. (절)

열두 가지 크신 원력 중생들을 이끄시되
한 조각의 연민일 뿐 다른 마음 없으시네.
범부들의 뒤바뀐 삶 병의 뿌리 아주 깊어
약사여래 못 만나면 죄 없애기 어려워라.

그러므로 저희 이제 일심 정성 기울이고
언제나 어디서나 마음 속에 모시고
이제 곧 신비로운 위신력과 자비가호
보이신다 믿으면서 지성귀의하옵니다.

참회문

또 무시이래로 오늘에 이르도록 삼독[15]의 뿌리로 삼유[16] 중에서 이십오유[17]로 돌아다니면서, 가는 곳마다 죄악을 짓고 업풍을 따르면서 스스로 깨닫지 못하나이다. 다른 이가 계행을 지니고 정과 혜를 닦고 공덕을 짓고 신통을 수행하는 것을 장애하였사오니, 이러한 죄로 보리심을 장애하고 보리원을 장애하고 보리행을 장애한 것을 오늘날 참회하여 소멸하기를 원하옵니다.

또 무시이래로 오늘에 이르도록 탐욕과 진심으로 육식(六識)을 일으키고 육진을 따르면서 많은 죄를 일으켰사온데, 혹은 중생에게 일으키고, 혹은 비(非)중생에게 일으키고, 혹은 무루의 사람에게 일으키고, 혹은 무루의 법에 대해 일으켰사오니, 이렇게 탐욕과 진심으로 일으킨 죄악을 오늘날 참회하여 소멸하기를 원하옵니다.

또 어리석은 마음으로 전도된 행을 일으키되 삿된 스승을 믿고 삿된 말을 받아서 단멸[18]에 집착하고, 항상[19]한 데 집착하며, 나를 집착하고, 소견에 집착하여 어리석음을 따라 행하면서 무량한 죄를 지었사오며, 이러한 인연으로 보리심을 장애하고 보리원을 장애하고 보리행을 장애한 허물을 오늘날 참회하여 멸제하기를 원하옵니다.

또 무시이래로 오늘에 이르도록 자비심을 닦지 못하고, 희사심을 닦지 못하고, 보시바라밀[20]을 닦지 못하고, 지계바라밀을 닦지 못하고, 인욕바라밀을 닦지 못하고, 정진바라밀을 닦지 못하고, 선(禪)바라밀을 닦지 못하고, 지혜바라밀을 닦지 못하였사오며, 또 모든 조도법[21]을 닦지 못하였으므로 방편이 없고 지혜가 없어서, 보리심을 장애하고 보리원을 장애하고 보리행을 장애한 것을 오늘 참회하면서 멸제하기를 원하옵니다.

또 무시이래로 오늘에 이르기까지 삼계에 윤회하고 육도에 두루 돌아다니면서 사생의 몸을 받되, 남자도

되고 여자도 되는 비남비녀(非男非女)도 되어 모든 곳에 두루하여 한량없는 죄를 지을 적에, 혹 큰 중생이 되어 서로 잡아먹고, 혹 작은 중생이 되어 서로 잡아먹으며, 이렇게 살생한 죄가 무량무변하여 보리심을 장애하고 보리원을 장애하고 보리행을 장애한 것들을 오늘날 참회하여 멸제하기 원하옵니다.

의식이 있은 후부터 오늘에 이르도록 여섯 갈래 대도(大道)로 다니면서 사생의 몸을 받되, 그 중간에서 지은 죄악이 무궁무진하옵니다. 이러한 죄를 시방의 부처님과 대보살들이 모두 아시고 모두 보았을 것이오며, 이렇게 부처님과 보살들이 알고 보시는 많은 죄를 오늘날 지극한 정성으로 머리 조아려 애원하면서 참회하옵나니, 이미 지은 죄는 영원히 소멸되고, 아직 짓지 않은 죄는 다시 짓지 아니 하오리니, 바라옵건대 시방의 부처님께서 대자대비하신 마음으로 저희들의 참회를 받아주시며, 대자대비한 마음으로 저희들의 보리를 장애하는 모든 죄업을 씻어 주시어 도량에 이르러 끝까지 청청케 하옵소서.

또 원컨대 시방의 모든 부처님의 부사의한 힘과 본래 서원하신 힘과 중생을 제도하시는 힘과 중생을 감싸 주시는 힘으로 가피하시어 저희들로 하여금 오늘부터 보리심을 발하게 하시며, 오늘부터 시작하여 도량에 앉을 때까지 끝내 성취하여 다시는 퇴진치 말게 하시며, 저희들의 서원이 모든 보살의 행하는 서원과 같게 하옵소서.

원하옵건대 시방의 모든 부처님과 대보살께서 자비하신 마음으로 가피하시고 섭수하시어 저희들로 하여금 소원이 여의하여 보리원을 만족케 하시며, 모든 중생들도 각각 구족하게 보리의 원을 원만히 성취되게 하옵소서.

- 『자비도량참법』에서

지심귀명례 동방만월세계 약사유리광여래불 (절)
至心歸命禮 東方滿月世界 藥師琉璃光如來佛

지심귀명례 일광변조 소재보살마하살 (절)
至心歸命禮 日光遍照 消災菩薩摩訶薩

지심귀명례 월광변조 식재보살마하살 (절)
至心歸命禮 月光遍照 息災菩薩摩訶薩

지심귀명례 참제업장보승장불 (절)
至心歸命禮 懺除業障寶勝藏佛

지심귀명례 보광왕화염조불 (절)
至心歸命禮 寶光王火燄照佛

지심귀명례 일체향화자재력왕불 (절)
至心歸命禮 一切香華自在力王佛

지심귀명례 백억항하사결정불 (절)
至心歸命禮 百億恒河沙決定佛

지심귀명례 진위덕불 (절)
至心歸命禮 振威德佛

지심귀명례 금강견강소복괴산불 (절)
至心歸命禮 金剛堅強消伏壞散佛

지심귀명례 보광월전묘음존왕불 (절)
至心歸命禮 普光月殿妙音尊王佛

지심귀명례 환희장마니보적불 (절)
至心歸命禮 歡喜藏摩尼寶積佛

지심귀명례 무진향승왕불 (절)
至心歸命禮 無盡香勝王佛

지심귀명례 사자월불 (절)
至心歸命禮 獅子月佛

지심귀명례 환희장엄주왕불 (절)
至心歸命禮 歡喜莊嚴珠王佛

지심귀명례 제보당마니승광불 (절)
至心歸命禮 帝寶幢摩尼勝光佛

참회진언

옴 살바 못자못지 사다야 사바하 (7독)

이와 같이 나는 들었다.

어느 때 세존께서는 여러 나라를 돌아다니며 교화하시다가 광엄성(廣嚴城)에 이르러 낙음수(樂音樹) 아래에 머물러 계셨다. 대비구〔大苾蒭〕 8천의 무리와 함께였다. 보살마하살(菩薩摩訶薩)은 3만6천이며, 국왕과 대신과 바라문(婆羅門)[22]·거사(居士)·천(天)·용(龍)·약차(藥叉)[23]·인비인(人非人)[24] 등과 한량없는 대중에게서 공경을 받으며 둘러싸여 그들을 위하여 설법을 하고 계셨다.

이때 문수사리 법왕자(法王子)는 부처님의 위신력을 받아 자리에서 일어났다. 한쪽 어깨에 가사를 메고, 오른쪽 무릎을 땅에 대고, 세존을 향하여 몸을 굽히고 합장하여 아뢰었다.

"세존이시여, 바라옵나니, 이와 같은 상(相)에 속하는 여러 부처님의 명호(名號)와 근본(本)된 대원(大願)과 수승한 공덕을 연설하여 주십시오. 듣는 모든 이로 하여금 업장(業障)을 없애도록 하여 주십시오. 상법(像法)이 구르는 때의 여러 유정(有情)을 이롭게 하고 즐겁게 하기 때문입니다."

이때 세존께서는 문수사리 동자를 칭찬하여 말씀하셨다.

"훌륭하고 훌륭하구나. 문수사리야, 너는 대비(大悲)로써 여러 부처님의 명호와 본원(本願)과 공덕을 설하라고 나에게 간절히 청하였다. 업장에 묶인 유정(有情)을 벗어나고, 상법이 구르는 시대의 여러 유정을 이롭게 하고 안락하게 하기 위함이니, 너는 지금 분명하게 잘 들어서 잘 사유(思惟)하여라. 마땅히 너를 위하여 설하리라."

문수사리는 아뢰었다.

"그러하옵니다. 원하오니 설하여 주십시오. 저희들

은 즐겨 듣겠나이다."

부처님께서는 문수사리에게 말씀하였다.

"이곳으로부터 동쪽으로 10갠지스 강의 모래만큼 많은 불토(佛土)를 지나서 세계가 있다. 정유리(淨琉璃)라고 이름한다.

부처님은 약사유리광(藥師琉璃光) 여래·응공(應供)·정등각(正等覺)·명행원만(明行圓滿)·선서(善逝)·세간해(世間解)·무상장부(無上丈夫)·조어사(調御士)·천인사(天人師)·불박가범(佛薄伽梵:佛世尊)이라고 이름한다.

문수사리야, 그 불세존(佛世尊)이신 약사유리광여래는 본래 보살의 도를 행할 때, 열두 가지 대원(大願)을 발하여 여러 유정이 구하는 바를 모두 얻게 하였느니라.

첫째 큰 서원은, 내가 다음 세상에 보리를 증득할 때, 내 몸의 광명이 그지없는 세계를 비추고 32대장부상(相)[25]과 80종 수호(隨好)[26]로써 그 몸을 장엄하되, 모든 중생으로 하여금 나와 똑같아 다름이 없게 하리라고 원하는 것이리라. (절)

둘째 큰 서원은, 내가 다음 세상에 보리를 증득할

때, 유리와 같은 몸은 안팎이 투명하고, 광대한 광명은 모든 방위에 꽉 차며, 장엄한 광명 그물[焰網]은 해와 달보다 더하여 저 철위산(鐵圍山)의 깜깜한 데까지 다 보이고, 혹은 이 세계의 어두운 밤에 유행(遊行)하는 그 모든 중생이 나의 광명을 보고는 모두 깨달음을 얻고 따라 온갖 일을 할 수 있기를 원하는 것이니라. (절)

셋째 큰 서원은, 내가 다음 세상에 보리를 증득할 때, 한량없고 그지없는 지혜와 방편으로써 모든 중생으로 하여금 소용되는 물건이 모두 끊임이 없도록 하기를 원하는 것이니라. (절)

넷째 큰 서원은, 내가 다음 세상에 보리를 증득할 때 모든 중생들로서 잘못된 도를 행하는 이에게는 모두 바른 보리의 길을 밟아 노닐게 하고, 만일 성문이나 독각의 교법을 행하는 이에게는 대승법 가운데 안주하게 하기를 원하는 것이니라. (절)

다섯째 큰 서원은, 내가 다음 세상에 보리를 증득할 때, 모든 중생이 나의 법 가운데에서 범행(梵行)[27]을 닦아서 일체 파계하지 않게 하고, 3업을 잘 방호하여서 악도에 떨어질 파계자가 없게 하며, 설령 파계하였을지라도 나의 이름을 듣고서 한결같은 생각으로 받아 지니고 지극한 마음으로 잘못을 고백함으로써 도리어 청정하게 되고, 나아가 보리를 얻게 하리라고 원하는 것이니라. (절)

여섯째 큰 서원은, 내가 다음 세상에 보리를 증득할 때, 만일 중생이 여섯 감관이 불구되어 추악하고 비루하고 귀먹고 눈멀고 말 못하거나, 앉은뱅이와 곱사등이와 문둥이와 미치광이 같은 갖가지 병고에 얽매였다가 나의 이름을 듣고 지극한 마음으로 부르고 생각한다면, 모두 단엄한 몸을 얻고 온갖 병이 제거되기를 원하는 것이니라. (절)

일곱째 큰 서원은, 내가 다음 세상에 보리를 증득할 때, 만일 모든 중생이 가난하고 곤고하여 의지할 데가 없고 온갖 병에 쪼들려 의약도 없다가 잠깐 동안이라도 나의 이름을 듣는다면, 여러 가지 병이 낫고 권속이 늘고 재물이 모자라지 않으며, 몸과 마음이 편안하고 즐거우며, 나아가 보리 얻기를 원하는 것이니라. (절)

여덟째 큰 서원은, 내가 다음 세상에 보리를 증득할

때, 만일 여인이 여인으로서 나쁜 것으로 여러 괴로움에 쪼들려 몹시 싫증을 느끼고 여인의 몸 버리기를 원하다가 나의 이름을 듣고 지극한 마음으로 부르고 생각한다면, 몸을 전환하여 남자가 되어 장부의 상호를 구족하고, 나아가 보리 얻기를 원하는 것이니라. (절)

아홉째 큰 서원은, 내가 다음 세상에 보리를 증득할 때, 모든 중생으로 하여금 마군의 그물을 벗어나게 하고, 또한 갖가지 삿된 소견을 가진 무리들을 모두 포섭하여 바른 견해를 내게 하고 점차 모든 보살행을 닦게 하며, 나아가 보리 얻기를 원하는 것이니라. (절)

열째 큰 서원은, 내가 다음 세상에 보리를 증득할 때, 만일 모든 중생이 국법에 걸려 감옥에 구금되고 큰 칼과 매질 나아가 극형을 당하며, 또는 온갖 괴로운 일이 많아 걱정에 쪼들리고 잠깐 동안이라도 즐거운 때가 없다가 나의 이름을 듣는다면, 나의 복덕과 위신력을 입어 일체 걱정과 괴로움에서 모두 해탈하고, 나아가 보리 얻기를 원하는 것이니라. (절)

열한째 큰 서원은, 내가 다음 세상에 보리를 증득할

때, 만일 모든 중생이 굶주림에 시달려 먹을 것을 구하기 위하여 모든 악업을 짓더라도, 나의 이름을 듣고 지극한 마음으로 부르고 생각한다면, 내가 마땅히 우선 뛰어나고 묘한 음식을 주어 마음껏 배부르게 하고, 다음에는 법맛〔法味〕인 불교 신행(信行)의 기쁨을 주어 안락한 곳에 머물게 하며, 나아가 보리 얻기를 원하는 것이니라. (절)

열두째 큰 서원은, 내가 다음 세상에 보리를 증득할 때, 만일 모든 중생이 몸에 걸칠 의복이 없어 해충과 추움과 더움에 시달리게 되었다가 나의 이름을 듣고 지극한 마음으로 부르고 생각한다면, 곧 그들이 좋아하는 대로 갖가지 뛰어나고 묘한 의복을 얻고 보배로운 장엄구와 풍악·향기 나는 꽃이 모두 만족하게 되며 모든 괴로움을 여의고, 나아가 보리 얻기를 원하는 것이니라. (절)

문수사리여, 이것이 약사유리광 여래·응공·정등각이 보살도를 수행할 때에 세웠던 12가지 미묘하고 큰 서원이니라. … (중략) …

그 나라에는 두 보살마하살이 있는데 일광변조보살

과 월광변조보살이니라.

두 보살은 무량무수한 보살들 중에서 가장 높은 자리
에 앉아 저 세존이신 약사유리광여래부처님의 정법보
장을 모두 간직하고 있느니라.

이러한 연고로 문수사리보살이여!

돈독한 신심을 지닌 선남자·선여인은 저 세존이신
약사유리광여래부처님의 세계에 태어나기를 원해야 하
느니라."

–『약사유리광여래본원공덕경』 중에서

온 누리 항상 계신 부처님께
온 정성 다 바쳐 절하옵니다. (절)
온 누리 항상 계신 가르침에
온 정성 다 바쳐 절하옵니다. (절)
온 누리 항상 계신 스님들께
온 정성 다 바쳐 절하옵니다. (절)

지심귀명례 십이상원 약사여래불 (절)

지심귀명례 일광변조소재보살 (절)

지심귀명례 월광변조식재보살 (절)

지심귀명례 문수사리(文殊師利)보살 (절)

지심귀명례 관세음(觀世音)보살 (절)

지심귀명례 득대세(得大勢)보살 (절)

지심귀명례 무진의(無盡意)보살 (절)

지심귀명례 보단화(寶檀華)보살 (절)

지심귀명례 약왕(藥王)보살 (절)

지심귀명례 약상(藥上)보살 (절)

지심귀명례 미륵(彌勒)보살 (절)

지심귀명례 구탈(救脫)보살 (절)

- 『약사경』의 불보살

그때에 세존께서 다시 문수사리보살에게 말씀하셨다.

"문수사리보살이여!

대부분의 중생들은 선(善)과 악(惡)을 알지 못하여 오
로지 탐욕과 인색한 것만을 생각하며 보시와 보시한 과

보를 알지 못하고 어리석고 지혜가 없어 믿음의 뿌리가 없고 재물과 보물을 많이 모아 부지런히 지키고 걸인이 구걸하러 오면 마음속으로 불쾌하게 생각하여 '자신에게 아무런 이익도 없이 보시할 때에 자기 몸의 살점을 도려내는 것처럼' 몹시 아까운 마음을 내고 또 물건이 아까워서 남에게 보시하지 않으며 탐내는 마음으로 만족할 줄 모르는 헤아릴 수 없는 유정들이 재물을 쌓아 놓고서 자신을 위해서도 쓰지 못하거늘 어찌 하물며 부모·처자식·노비·품팔이 하는 이·구걸하러 오는 자들에게 쓸 수 있겠는가?

저 유정들은 인간의 목숨을 마치면 아귀의 세계나 축생의 세계에 태어나는데 이것은 인간 세계에 있을 적에 잠깐이라도 약사유리광여래부처님의 명호를 듣지 못했기 때문이니라.

그러나 이제 아귀 세계나 축생 세계와 같은 나쁜 세계에서 잠깐이라도 약사유리광여래부처님의 명호를 생각하면은 생각하는 그 즉시에 저 나쁜 세계에서 인간의 몸으로 태어나며 숙명통을 얻어 나쁜 세계의 고통을 두려워하여 탐욕과 쾌락을 즐기지 않고 보시를 즐겨 행하며 보시하는 이를 찬탄하고 자신이 가지고 있는 모든 재산을 욕심내거나 아까워하는 마음이 없이 보시하고 점차적으로 자기 육신의 한 부분인 머리·눈·손·발·피 등을 필요로 하는 이들에게 보시하거늘 하물며 여타의 재물에 있어서이겠는가?

문수사리보살이여!

만일 모든 유정들 중에서 부처님에게 계율(學處)을 받아 지니고서도 계율(尸羅)을 지키지 않는 이가 있으며, 계율을 지키더라도 규칙을 지키지 않는 이가 있으며, 계율과 규칙을 지키더라도 바른 견해를 무너뜨리는 이가 있으며, 바른 견해는 무너뜨리지 않더라도 부처님의 교법을 많이 듣는 것을 포기하여 부처님이 말씀하신 경전의 심오한 뜻을 분명하게 이해하지 못하는 이도 있으며, 부처님의 교법을 많이 듣더라도 깨달음을 얻지 못하고서 깨달음을 이미 얻었다고 잘난 체하는 마음(憎上慢)을 가지고 자신은 옳고 남들을 그르다 하며 부처님의 바른 교법을 헐뜯고 비방하면서 마구니의 패거리가 되는 이도 있느니라.

　이와 같이 어리석은 사람은 자기 자신만이 사악한 견해를 행할 뿐 아니라 헤아릴 수 없는 유정들로 하여금 지옥에 태어나게 하느니라.

　이 모든 유정들은 응당히 지옥·축생·아귀의 세계에 태어나 끊임없이 떠돌아 다녀야 하지만 이 약사유리광여래 부처님의 명호를 들으면 곧 바로 나쁜 행위를 버리고 모든 선법(善法)을 닦아서 나쁜 세계에 태어나지 않느니라."

- 『약사유리광여래본원공덕경』에서

　중생의 병고는 탐진치를 벗어나지 못하고 계행을 지키지 못하여 생기므로, 『범망경』 대승보살계문 십중대계를 지송하며 잘 지켜서 병고를 예방하고 평안과 화합과 평화가 유지되기를 발원합니다.

십중대계
十重大戒

제1 불살생계(不殺生戒) : 산 목숨을 해치지 말라.

살아있는 생명에게 폭력을 가하지 마라. 간접으로 해치거나 살생을 묵인하지 말라.

산 목숨을 해치지 말라 함은 성내지 말고, 포악한 마음, 잔인한 마음을 멀리하며, 자비로써 모든 중생을 아끼고 사랑하라는 것이다. 이것은 곧 평화의 바탕이 된다.

제2 불투도계(不偸盜戒) : 주지 않는 것은 훔치지 말라.

부정·부당하게 재물을 취하지 말라. 간접으로 훔치거나 방조하지 말라. 주지 않는 것을 훔치거나 부당하게 재물을 취하지 말라는 것은 게으르지 말고, 남의 재산을 탐내지 말며, 힘써 일하고 저축하여 이웃을 위하여 보시하는 복짓는 삶을 살라는 것이다. 이것은 곧 평등한 행복의 바탕이 된다.

제3 불사음계(不邪淫戒) : 사음하지 말라.

사음하지 말라는 것은 방탕하지 말고 남의 아내와 남편을 엿보지 말며 순결로써 자신을 극복하고 예의로써 공경하여 가족을 화명하게 하라는 것이니, 이것이 곧 청정의 바탕이 된다.

제4 불망어계(不妄語戒): 거짓말하지 말라.

남에게 거짓말을 시키지도 말라. 방조하지도 말라. 거짓말 하지 말라는 것은, 남을 속이지 말고 남을 욕하거나 아첨하지 말며 진실되게 말하고 정직하게 행동하며 약속을 지키라는 것이니, 이것이 곧 신뢰의 바탕이 된다.

제5 불음주계(不飮酒戒): 술 먹고 취하여 정신을 잃지 말라.

술을 권하지 말라. 환각제나 마약을 금하라. 술 먹고 취하여 정신을 잃지 말라는 것은 술을 과도하게 마시지 말고 술 먹고 자신의 피해보지 말고 남에게 폐를 끼치지 말며 스스로 자신의 마음을 다스리고 항상 맑은 정신으로 깨어있으라는 것이니, 이것이 곧 지혜와 건강의 바탕이 된다.

제6 불설사중과계(不說四衆過戒): 사부 대중의 허물을 말하지 말라.

불자의 허물을 말하거나 비방하는 자가 있거든 자비로 잘 가르치고 인도하라. 불교 종단과 신행을 지키는 바탕이 된다.

제7 불자찬타훼계(不自讚他毀戒): 자신을 칭찬하고 다른 사람을 비방하지 말라.

자기를 칭찬하고 남을 비방하거나 또한 남을 시켜 자기를 칭찬하고 다른 이를 비방하지 말라. 자기의 덕을 드러내고 남의 착한 일을 숨기어서 다른 사람으로 하여금 비방을 듣게 하는 것은 계를 파하는 죄가 된다.

제8 불간석가훼계(不慳惜加毀戒): 자기 것을 아끼려고 남을 욕하지 말라.

스스로 인색하거나 남을 시켜 인색하게 하여 구걸하는 가난한 사람에게 그가 요구하는 모든 것을 줘야 할 것이거늘, 미워하는 마음으로 돈 한 푼 베풀지 아니하거나 법을 구하는 이에게도 한 구절의 법문도 일러주지 아니하고, 도리어 나쁜 말로 욕설하는 것은 파계의 죄가 된다.

제9 불진심이수회계(不瞋心而受悔戒): 화내지 말고 참회하면 잘 받아주라.

스스로 화를 내거나 남을 시켜 화를 내는 행위(業)를 만나거든, 보살은 응당 모든 중생에게 착하게 대하여 다투는 일이 없게 하여야 한다. 화낸 사람이 진정으로 참회하였건만 그럼에도 성낸 마음 풀지 않는 것은 파계의 죄가 된다.

제10 불방가삼보계(不謗加三寶戒): 삼보를 비방하지 말라.

스스로 삼보를 비방하거나 남을 시켜 비방하지 말라 하되, 비방하는 마음의 인(因)과 비방하는 생각의 연(緣)을 내고 불·법·승을 비방하는 행위(業)를 저질러서 외도·악인들이 부처님 비방하는 소리를 한 마디라도 듣거든 마치 자루 창으로 심장을 찌르는 것처럼 여겨야 할 것이거늘, 하물며 자기 입으로 비방하오리까? 신심

과 효순심을 내지 아니하고, 도리어 악인과 사견을 가
진 사람을 도와 비방하는 것은 파계의 죄가 된다.

1. 산 목숨 해친 죄 참회하오며 불살생(不殺生) 계를 잘
   지키겠습니다. (절)

2. 부당히 재물을 취한 죄 참회하오며 불투도(不偸盜) 계
   를 잘 지키겠습니다. (절)

3. 삿된 음행의 죄를 참회하오며 불사음(不邪淫) 계를 잘
   지키겠습니다. (절)

4. 거짓말로 속인 죄 참화하오며 불망어(不妄語) 계를 잘
   지키겠습니다. (절)

5. 술 권하고 술 취한 죄 참회하오며 불음주(不飮酒) 계
   를 잘 지키겠습니다. (절)

6. 사부대중을 비방하고 허물을 말한 죄 참회하오며 허
   물비방 말라는 계를 잘 지키겠습니다. (절)

7. 타인을 비방하고 자신을 칭찬한 죄를 참회하오며 불
   자찬타훼(不自讚他毁) 계를 잘 지키겠습니다. (절)

8. 내 것 아끼고 남을 욕되게 한 죄 참회하오며 내 것만

아끼려고 남을 욕되게 하지 말라는 계를 잘 지키겠습니다. (절)

9. 상대가 참회해도 성내었던 죄 참회하며 참회하면 성내지 말라는 계를 잘 지키겠습니다. (절)

10. 불법승 삼보를 비방한 죄 참회하오며 삼보 비방하지 말라는 계를 잘 지키겠습니다. (절)

바라옵건대 불·법·승 삼보에 대하여 지은 죄장을 참회함으로 말미암아, 다음 세상에 태어날 적마다 매양 삼보를 만나 존경하고 우러르고 공경하오며, 비단 깃발과 보배 영락과 백천 가지 풍류와 훌륭한 향과 아름다운 꽃과 좋은 과실 등 이 세상에 있는 온갖 것으로 공양하오며, 만일 처음으로 성불하는 이가 있으면 먼저 가서 감로문 열기를 청하고, 열반에 드는 이가 있으면 최후의 공양을 받들기를 원하오며, 대중 가운데서 여섯 가지 화합하는 일을 닦고 자재한 힘을 얻어 삼보를 흥성케 하며, 위로는 불도를 넓히고 아래로는 중생을 교화하기를 서원합니다.

위에서 말한 바와 같이 삼보에 대하여 지은 바 죄
장을 모두 참회하였거니와, 그 밖의 여러 죄업도 이제
차례로 다시 참회하옵니다.

지심귀명례 십이상원 약사여래불 (절)

지심귀명례 일광변조소재보살 (절)

지심귀명례 월광변조식재보살 (절)

지심귀명례 문수사리(文殊師利)보살 (절)

지심귀명례 관세음(觀世音)보살 (절)

지심귀명례 득대세(得大勢)보살 (절)

지심귀명례 무진의(無盡意)보살 (절)

지심귀명례 보단화(寶檀華)보살 (절)

지심귀명례 약왕(藥王)보살 (절)

지심귀명례 약상(藥上)보살 (절)

지심귀명례 미륵(彌勒)보살 (절)

지심귀명례 구탈(救脫)보살 (절)

나무 약사여래불 (21독)

원하옵나이다. 법계의 사생육도 중생들이 수많은 세월 동안 거듭나면서 지어온 모든 죄업을 없애주소서. 또 저희들이 지금 참회하오며 예배하오니 모든 죄업이 다 없어지고 세세생생에 항상 보살도 행하게 하옵소서.

원컨대 이 공덕이 온 누리에 두루하여 저와 일체 중생들이 내내 편안하고 평화롭고 마침내는 모두 성불하기를 발원합니다. (3배)

육바라밀

나누고 봉사하는 보시바라밀로 인색함을 버리고, 불자 오계와 생활수칙 지키는 지계바라밀로 번뇌고통 예방하고, 인욕바라밀로 힘겨움도 노여움도 참아내며 겸손하고, 정진바라밀로 쉼 없이 꾸준하게 신행하고, 선정바라밀로 지금 여기에 한마음을 집중하여 통찰하고, 지혜바라밀로 자유롭고 평화롭고 고해 해탈 행복경지 이르기를 발원합니다.

육념

염불 염법 염승

염계 염시 염천

불법승을 믿고 알아 따르기를 염원하고,

불자 오계와 국법과 생활수칙을 지키고,

불교를 알려주고 인도하는 법보시와

재화 물건 나눠주는 재보시와

노력과 재능으로 어려움 두려움 없애주는

무외보시 행하기를 염원하고,

서로 존중 배려하여 자유롭고 평안하고

평화로운 세상 이루기를 염원하고,

내생에는 왕생극락하기를 염원합니다.

五
관세음 참법

현재 한국불교에서는 관음신앙을 가장 많이 하고 있다

    관음신앙은 『천수경』과 『관음경』(『법화경』 「관세음보살보문품」)이 주요 경전이고 많이 독송한다. 『천수경』은 『반야심경』과 함께 불교의 식 경이다.

    본 장에서는 『관음경』 중요 부분을 독송하며 익히고, 『천수경』 내용 중 십악(十惡)을 고치고 십선(十善)을 행하는 부분과 관세음십대원(十大願)을 다짐하도록 꾸몄다. 또 자비수참기도문 일부를 독송하며 다생의 무량중죄를 참회하고, 관세음께 예경 찬양 발원을 한다.

———

* 이 참법기도는 관음기도법회나 평소, 혹은 참회정진 때나 관음재일에 하기 바란다.
* 절은 모두 73배를 한다.

나무[28] 원통교주 관세음보살마하살 (절)

나무 도량교주 관세음보살마하살 (절)

나무 원통회상 불보살 (절)

그 원력이 위대하고 상호 또한 거룩하사

일천 팔로 하나하나 모든 중생 거두시고

일천 눈의 광명으로 온 세상을 살피시는

관세음보살께 지성귀의 하옵니다.

참된 말씀 베푸시어 비밀한 뜻 보이시고

하염없는 자비한 맘 끊임없이 펴옵시어

저희들의 온갖 소원 모두 속히 이뤄 주시는

관세음보살께 지성귀의 하옵니다.

모든 죄업 남김없이 깨끗하게 씻으시고.
하늘과 땅 모든 성중 또한 함께 보살피고
백천가지 온갖 삼매 한꺼번에 깨쳐주시는
관세음보살께 지성귀의 하옵니다.

세상 티끌 씻어 내고 고해 길을 어서 건너
보리법의 방편 문을 속히 얻게 하시옵고
뜻하는 일 마음대로 충만하게 이뤄 주시는
관세음보살께 지성귀의 하옵니다.

넓은 지혜 원통교주 크신 사랑 도량교주
서른 둘의 자재하신 모습으로 보이시며
열네 가지 무외력(無畏力)을 적절히 쓰시옵고
네 가지의 사량 못할 위대한 덕 갖추시고
팔만사천 삭가라[29]의 번뜩이는 지혜 얼굴
팔만사천 모다라[30]의 부드러운 자비 손길
팔만사천 아름답고 맑고 밝은 보배의 눈
사십이수[31] 십일면[32]과 천수천안[33] 모습으로

엄마처럼 인자하고 아빠처럼 근엄하고
친구같이 떨림 없고 스승같이 제도하고
애인처럼 친숙하게 어느 때나 보이시고
여러 가지 몸의 모습 어디든지 나투시어
모든 중생 원을 따라 하나하나 응하시고
마음 속의 바라는 바 모두 이뤄 주시오나
날카로운 지혜 보검 녹슨 일이 없으신 님
팔만사천 온갖 고통 남김없이 제거하고
중생들의 소원대로 즐거움을 주옵시는
대자대비 관자재 보살님께 지성귀의 하옵니다.

흰 옷 입은 관음보살 말씀 없이 설하시고
남순하는 선재동자 들음 없이 법을 듣네.
꽃병 속의 푸른 버들 영원토록 여름이요
바위 앞의 푸른 대는 온 누리의 봄이로다.
한 잎사귀 붉은 연꽃 바다 위에 솟아있고
푸른 물결 깊은 곳에 자비신통 나투시네.
어젯밤에 보타산중 머무시던 보살께서

오늘 낮에 수월도량 우리 절에 오셨어요.
듣는 능력 뛰어나게 이근원통 깨치시매
자비의 힘 차별 없이 언제든지 베푸시어
서른둘[34]의 자재응신 두루하신 관세음께
몸과 마음 다하여서 한결같이 의지합니다.

지심귀명례 아미타불 (절)
至心歸命禮 阿彌陀佛

지심귀명례 관세음보살마하살 (절)
至心歸命禮 觀世音菩薩摩訶薩

지심귀명례 대세지보살마하살 (절)
至心歸命禮 大勢至菩薩摩訶薩

지심귀명례 천수보살마하살 (절)
至心歸命禮 千手菩薩摩訶薩

지심귀명례 여의륜보살마하살 (절)
至心歸命禮 如意輪菩薩摩訶薩

지심귀명례 대륜보살마하살 (절)
至心歸命禮 大輪菩薩摩訶薩

지심귀명례 관자재보살마하살 (절)
至心歸命禮 觀自在菩薩摩訶薩

지심귀명례 정취보살마하살 (절)
至心歸命禮 正趣菩薩摩訶薩

지심귀명례 만월보살마하살 (절)
至心歸命禮 滿月菩薩摩訶薩

지심귀명례 수월보살마하살 (절)
至心歸命禮 水月菩薩摩訶薩

지심귀명례 군다리보살마하살 (절)
至心歸命禮 軍茶利菩薩摩訶薩

지심귀명례 십일면보살마하살 (절)
至心歸命禮 十一面菩薩摩訶薩

지심귀명례 제대보살마하살 (절)
至心歸命禮 諸大菩薩摩訶薩

관세음보살님께 예배하고 참회합니다.

지금 몸과 마음이 모두 고요하여져서 굽은 마음도 없고 장애도 없어, 이야말로 선한 마음이 생기고 나쁜 생각이 없어질 때이니 각각 다시 네 가지 관찰하는 행을 일으켜서 죄를 소멸하는 방편을 삼고자 합니다.

그 네 가지란 첫째는 인(因)과 연(緣)을 관찰하는 것, 둘째는 과보를 관찰하는 것, 셋째는 나의 몸을 관찰하는 것, 넷째는 부처님의 몸을 관찰하는 것입니다.

첫째, 인과 연을 관찰한다는 것은, 나의 이러한 허물은 무명으로 말미암아 옳게 생각하지 못하고, 바르게 관찰할 능력이 없어서 허물되는 줄을 알지 못하였으므로, 선지식인 부처님과 보살들을 멀리하고 악마의 무리를 따라서 나쁜 길을 걸었으니, 이는 마치 고기가 낚시 미끼를 삼키면서 화단될 줄을 모르고, 나비가 불에 날아들어 제 업으로 타버리는 것같이, 이러한 인연으로 벗어나지 못하는 것입니다.

둘째, 과보를 관찰한다는 것은, 모든 착하지 못한 짓으로 여러 세상에 헤매면서 받는 과보가 그지없어서, 끝이 없는 캄캄한 바다에 빠져 여러 가지 번뇌 삼킨 바 되며, 오는 세상의 생사가 끝이 없으며, 설사 어쩌하다가 전륜성왕이 되어 4천하를 거느리고 마음대로 날아

다니면서 7보가 구족하더라도, 죽은 뒤에는 나쁜 갈래에 태어남을 면하지 못하며, 하물며 복덕이 없는 이로서 부지런히 참회하지 않는 이에 있어서랴. 마치 돌을 안고 깊은 물에 빠지면 다시 나올 수 없는 것과 같은 이치입니다.

셋째, 나의 몸을 관찰한다는 것은, 비록 부처될 성품의 바른 인(正因)을 갖추었더라도, 번뇌라는 캄캄한 수풀에 가려 알아내는 인(了因)이 없어서 나타나지 못하는 것이니, 내가 이제 수승한 마음을 일으켜서 겹겹이 덮인 무명을 깨뜨리고, 허망하게 나고 죽는 원인을 끊어 버리고, 부처님의 밝게 깨닫는 지혜를 나타내어 열반의 묘한 결과를 얻으려 함입니다.

넷째, 부처님의 몸을 관찰한다는 것은, 나고 없어지는 일이 없고, 고요하고 명랑하여, 네 가지 희롱거리(四句)나 백 가지 잘못된 것(百非)을 모두 여의고, 모든 공덕이 구족하여 변함없이 항상 머무는 것이며, 설사 중생을 건지는 방편으로 열반에 든다 하여도, 자비로 중생을 구제하기를 잠깐도 쉬지 아니함입니다. 이러한

120

마음을 내는 것은 죄업을 소멸하는 좋은 첩경이요, 장애를 없애는 중요한 방법이 되겠기에 지성으로 참회하는 바입니다.

-『자비수참』에서

참회진언

옴 살바 못자못지 사다야 사바하 (7독)

지심귀명례 석가모니불 (절)

지심귀명례 연등불 (절)

지심귀명례 미륵불 (절)

지심귀명례 동방약사여래불 (절)

지심귀명례 서방아미타불 (절)

지심귀명례 남방보승여래불 (절)

지심귀명례 북방부동존여래불 (절)

지심귀명례 중방비로자나불 (절)

지심귀명례 대지문수보살 마하살 (절)

지심귀명례 대행보현보살 마하살 (절)

지심귀명례 대비관세음보살 마하살 (절)

지심귀명례 대세지보살 마하살 (절)

지심귀명례 지장보살 마하살 (절)

지심귀명례 천수보살 마하살 (절)

지심귀명례 여의륜보살 마하살 (절)

지심귀명례 대륜보살 마하살 (절)

지심귀명례 관자재보살 마하살 (절)

지심귀명례 정취보살 마하살 (절)

지심귀명례 만월보살 마하살 (절)

지심귀명례 수월보살 마하살 (절)

지심귀명례 군다리보살 마하살 (절)

지심귀명례 십일면보살 마하살 (절)

지심귀명례 제대보살 마하살 (절)

관세음보살님 위신력을 마음 깊이 새기고 자비 가호
하심을 믿으며 보문품 게송을 독송합니다.

그때에 무진의보살은 곧 자리에서 일어나 한쪽 어깨를 드러내고, 합장하고 부처님을 향하여 여쭈었다.

"세존이시여, 관세음보살께선 그 무슨 인연으로 관세음이라 불리십니까?"

부처님이 무진의보살에게 말씀하셨다.

"선남자야, 만약 무량 백천만억 중생이 있어 온갖 고뇌 받는다 해도, 이 관세음보살 이름을 듣고 한마음으로 그 이름 부른다면, 관세음보살이 곧 그 음성 알아들어 다 고뇌에서 풀려나게 한다.

만약 중생이 음욕 많아도 관세음보살 늘 염해 공경하면 음욕을 떠나게 되며, 만약에 성냄이 많아도, 관세음보살 늘 염해 공경하면 곧 성냄을 떠나게 되며 만약 우치 많아도, 관세음보살 늘 염해 공경하면 곧 우치를 떠나기에 이르리라.

만약 중생이 관세음보살을 공경, 예배 한다면 얻는 바 복이 헛되지 않으리니, 그러기에 중생은 다 관세음보살의 이름을 받아 지녀야 하느니라."

『법화경』「관세음보살보문품」 게송

"무진의여, 관세음보살은
이렇게 자유자재한 신통의 힘이 있어
사바세계에 다니느니라."
이때에 무진의보살이 게송으로 여쭈었다.
"묘한 상호 갖추옵신 부처님께
제가 지금 저 일 거듭 묻자오니
불자들이 어떠한 인연으로
관세음보살이라 이름하오."
묘한 상호 갖추옵신 세존께서
게송으로 무진의에 답하시길,
"잘 들으라 무진의여,
관세음의 높은 덕은 곳에 따라 응하느니
큰 서원은 바다같이 깊고 깊어
오랜 세월 헤아릴 수 없는 동안
여러 천억 부처님을 모시오며
크고 맑은 서원들을 세웠느니

내가 이제 설하노니,
그 이름을 듣는 이나
그 모습을 보는 이는
생각 생각 지극하게 새긴다면
세상 모든 괴로움이 소멸한다.
어떤 이가 해치려는 생각품고
불구덩에 떠밀어서 쳐 넣어도
관세음을 염원하는 그 힘으로
불구덩이 연못으로 변해지고,
큰 바다에 빠지어서 헤맬 때에
용과 고기 귀신들의 난이라도
관세음을 염원하는 그 힘으로
파도들을 잠재워서 구원한다.
수미산의 봉우리에 섰을 때에
어떤 이가 떠밀어서 떨어져도
관세음을 염원하는 그 힘으로
해와 같이 허공중에 뜨게 하고,
흉악스런 사람에게 쫓기다가

험난 골짝 떨어지게 될지라도
관세음을 염원하는 그 힘으로
털끝 하나 다치지도 않게 하네.
도적떼나 원수에게 둘러싸여
그들 모두 칼을 들고 해칠 때도
관세음을 염원하는 그 힘으로
형틀들이 조각조각 부서지네.
감옥 중에 칼을 씌워 갇히어서
손과 발에 쇠고랑을 채웠어도
관세음을 염원하는 그 힘으로
자연스레 시원하게 물려나고,
주문으로 저주하고 독약으로
나의 몸을 해치려고 할지라도
관세음을 염원하는 그 힘으로
되돌아서 그 사람이 해롭다네.
흉악스런 나찰이나 독룡들이
이내 몸을 해치려고 한다 해도
관세음을 염원하는 그 힘으로

오히려 그것들은 굴복하고,
사나운 짐승들에 둘러싸여
험상궂은 이와 발톱 무서워도
관세음을 염원하는 그 힘으로
짐승들이 사방으로 도망치네.
살모사나 독사 같은 독충들이
독한 기운 불꽃처럼 뿜더라도
관세음을 염원하는 그 힘으로
소리 듣고 제 스스로 피해가고,
검은 구름 천둥 번개 떨치면서
우박이나 소나기가 퍼부어도
관세음을 염원하는 그 힘으로
잠시간에 흩어져서 고요하네.
중생들이 곤액핍박 받아가며
한량없는 괴로움이 닥치어도
관세음의 신비스런 지혜 힘이
세간 속의 모든 고통 구해주네.
신통하고 묘한 힘을 다 갖추고

지혜로운 여러 방편 널리 닦아
시방세계 모든 나라 어디든지
갖가지 몸 나투심이 빠짐없고,
가지가지 험악하고 나쁜 세상
지옥생과 아귀생과 축생까지
나고 늙고 병들어서 죽는 고통
차츰차츰 모두모두 없애버려
참다웁고 깨끗하게 보살피고,
넓고 크신 지혜로써 관찰하고
자비하신 마음으로 살피시니
언제든지 원하옵고 받듭니다.
번뇌없이 청청하고 밝은 광명
해와 같은 지혜로써 어둠 깨고
풍재화재 모든 재난 굴복 받고
고루고루 이 세상을 비추시니,
큰 자비와 엄한 계행 우레 되고
자비마음 신비스런 구름 되어
감로수로 법의 비를 내리셔서

번뇌불꽃 모두모두 소멸하여
송사하고 싸움하는 법정에도
무섭거나 겁이 나는 진중(陣中)에도
관세음을 염원하는 그 힘으로
원수들을 물리쳐서 흩으시네.
미묘한 음성이신 관음보살 범천왕의
그 음성과 조수음성〔海潮音〕
이 세간의 음성보다 뛰어나니
나날마다 사무침이 더해가네.
거룩하고 청정하신 관음보살
중생들은 조금치도 의심 말고
세상 사람 고뇌 속의 등대시니
능히 믿고 따라야 할 어버이다.”

모든 공덕 두루두루 갖추시고
자비하신 눈길로써 중생 살펴
우리들의 원에 따라 복덕 주신
그 공덕이 한량없어 큰절합니다.

그때에 지지(持地)보살이 자리에서 일어나 부처님 앞에 나아가 사뢰었다.

"세존이시여, 만일 중생으로서 이 관세음보살보문품의 자재하신 법문과 넓은 문으로 나타내시는 신통한 힘을 듣는 이가 있으면, 이 사람의 공덕이 적지 아니함을 알겠습니다."

부처님이 이 모든 보문품을 말씀하실 때에 팔만사천 중생들이 위없이 높고 평등한 아뇩다라삼먁삼보리심을 내었다.

관세음보살 십대원
觀世音菩薩 十大願

부처님 법 진리교훈 올바르게 모두 알기 원하오며
관세음께 지성귀의하옵니다. (절)
모든 것을 바로 보는 지혜의 눈 밝아지기 원하오며
관세음께 지성귀의하옵니다. (절)
고통 받는 모든 중생 모두모두 구제하기 원하오며

관세음께 지성귀의하옵니다. (절)

팔만사천 좋은 방법 적절하게 잘 쓰기를 원하오며

관세음께 지성귀의하옵니다. (절)

반야지혜 완전하게 막힘없이 통달하기 원하오며

관세음께 지성귀의하옵니다. (절)

생로병사 고통바다 안전하게 건너기를 원하오며

관세음께 지성귀의하옵니다. (절)

무명 벗는 청정계율 순탄하게 얻사옵기 원하오며

관세음께 지성귀의하옵니다. (절)

고난 없이 고요한 열반경지 어서 속히 도달하길 원하오며

관세음께 지성귀의하옵니다. (절)

하염없는 법의 진리 막힘없이 알아지기 원하오며

관세음께 지성귀의하옵니다. (절)

절대 진리 법성 통달 걸림 없이 이루기를 원하오며

관세음께 지성귀의하옵니다. (절)

내가 만약 칼산지옥 가게 되면

칼산지옥 무너지길 원하옵니다. (절)

내가 만약 화탕지옥 가게 되면

화탕지옥 없어지길 원하옵니다. (절)

내가 만약 모든 지옥 가게 되면

모든 지옥 사라지길 원하옵니다. (절)

내가 만약 아귀세계 가게 되면

모든 아귀 배부르길 원하옵니다. (절)

내가 만약 수라세계 가게 되면

악한 마음 착해지길 원하옵니다. (절)

내가 만약 짐승세계 가게 되면

슬기로움 생겨지길 원하옵니다. (절)

관세음보살 육자대명왕진언

옴 마니 반메 훔 (7독)

십악십선
十惡十善

1. 살생하는 모든 죄를 참회하옵고
   살려주는 방생실천 서원합니다.

2. 훔친 죄와 부당취득 참회하오며
   아껴 쓰고 나누기를 서원합니다.
3. 사음하온 부정한 죄 참회하옵고
   순결 지켜 맑은 행을 서원합니다.
4. 거짓말한 죄업 모두 참회하옵고
   정직하게 신뢰유지 서원합니다.
5. 속임으로 꾸민 죄업 참회하옵고
   바른말로 지켜가길 서원합니다.
6. 말 바꾸고 이간한 죄 참회하옵고
   사실대로 말하기를 서원합니다.
7. 악담하고 험담한 죄 참회하오며
   고운 말로 친절하길 서원합니다.
8. 탐욕스레 애착한 죄 참회하오며
   걸림없이 베풀기를 서원합니다.
9. 성을 내어 포악한 죄 참회하오며
   미소 짓고 친절하길 서원합니다.
10. 어리석게 지은 죄업 참회하오며
    슬기롭고 착해지길 서원합니다.

관세음보살 멸업장진언

옴 아로늑게 사바하 (7독)

경에서 부처님이 말씀하시기를, "두 가지 좋은 사람이 있으니, 하나는 죄를 짓지 않는 이요, 둘째는 죄 짓고는 곧 참회하는 이니라. 또한 두 가지 착한 법이 있어 중생을 위하여 모든 업장을 소멸케 하나니, 하나는 남 부끄러워〔慙〕 스스로 나쁜 짓을 하지 않는 것이요, 둘째는 부끄러워서〔愧〕 다른 이로 하여금 짓지 않게 하는 것이니라. 부끄러운 마음이 있는 이는 사람이라 이름하려니와, 부끄러운 줄을 모르는 이는 새나 짐승과 다른 것이 없다."고 하였사옵기에, 오늘 지성으로 부처님께 귀의하옵고 법답게 참회하옵니다.

끝없는 옛적부터 오늘에 이르도록 잘못된 소견을 믿고 중생을 죽여서 귀신·도깨비 따위에 바치고 오래 살고 태평하기를 바랐지만 효력이 없었으며, 귀신이 지폈다고 하면서 귀신의 말을 가장하던 그런 죄들을 모두 참회하옵니다.

또 끝없는 옛적부터 오늘에 이르도록 행동이 거만하

여 가장 높은 양 하기도 하고, 특권계급임을 자랑하여 모든 사람들을 업신여기기도 하며, 귀하다고 미천한 이를 업신여기고 강하다고 약한 이를 멸시하며, 술에 취하여 행패 부리면서 친척과 남을 가리지 못하여, 종일토록 정신없이 취하여 높은 이 낮은 이를 분별하지 못한 죄들을 모두 참회하옵니다.

혹 음식을 즐겨 먹되 경계심이 없어서 금방 죽인 생선도 먹고 오신채(五辛菜)도 먹어서 불상과 경전들을 더럽히기도 하고, 청정대중을 불안하게 하며, 제멋대로 방탕하면서도 아무 제한이 없고, 좋은 벗을 멀리하고 나쁜 사람을 친근히 한 이러한 죄들을 지금 모두 참회하옵니다.

혹 교만하게 거드름을 피우고 보기 좋게 뽐내면서 사람의 도리를 모르고 함부로 덤비기도 하며, 제가 옳고 남이 그르다 주장하면서 행여나 하는 요행을 바라던 그런 죄들을 이제 모두 참회하옵니다.

경에 부처님이 말씀하시기를, "욕심이 많은 사람은 이익을 많이 구하므로 고통도 많은 것이고, 만족을 느

끼는 사람은 맨땅에 누웠더라도 즐거움이 되지만, 만족할 줄을 모르는 사람은 천당에 있더라도 오히려 부족하다"고 하였습니다.

이 세상 사람들은 무슨 급하고 어려운 일이 있으면 거기에 돈 쓰기는 아무리 많아도 아끼지 않지마는, 이 몸이 세 가지 나쁜 구렁에 다다랐을 적에 거기서 숨 한 번만 돌리지 못하면 곧 떨어질 줄을 알지 못하나니, 그런 때에 어떤 친구가 '공덕을 쌓아서 다음 날의 좋은 양식을 지으라'고 권하더라도, 인색한 고집쟁이가 그 말을 들을 리가 없으니, 참으로 어리석은 일입니다.

경에 말씀하시기를, "날 적에도 돈 한 푼 가지고 오지 아니하였고, 죽을 적에도 돈 한 푼 가지고 가지 못한다."고 하였거늘, 세상 사람들은 모두가 애써서 돈을 모으느라고 고생을 하지만 마침내 자기에게는 아무 이익이 없고, 필경에는 다른 이의 소유가 되는 것입니다.

그런데 범부들은 돈만 모으느라고 선한 일도 못하고 좋은 공덕도 짓지 못하고는, 마침내 죽을 적에는 나쁜 갈래에 떨어지게 되는 것이므로, 오늘날 삼보께 귀의하

옵고 지성으로 참회하옵니다. (3배)

참제업장 12존불

지심귀명례 참제업장보승장불 (절)
至心歸命禮　懺除業障寶勝藏佛

지심귀명례 보광왕화염조불 (절)
至心歸命禮　寶光王火燄照佛

지심귀명례 일체향화자재력왕불 (절)
至心歸命禮　一切香華自在力王佛

지심귀명례 백억항하사결정불 (절)
至心歸命禮　百億恒河沙決定佛

지심귀명례 진위덕불 (절)
至心歸命禮　振威德佛

지심귀명례 금강견강소복괴산불 (절)
至心歸命禮　金剛堅强消伏壞散佛

지심귀명례 보광월전묘음존왕불 (절)
至心歸命禮　普光月殿妙音尊王佛

지심귀명례 환희장마니보적불 (절)
至心歸命禮　歡喜藏摩尼寶積佛

지심귀명례 무진향승왕불 (절)
至心歸命禮 無盡香勝王佛

지심귀명례 사자월불 (절)
至心歸命禮 獅子月佛

지심귀명례 환희장엄주왕불 (절)
至心歸命禮 歡喜莊嚴珠王佛

지심귀명례 제보당마니승광불 (절)
至心歸命禮 帝寶幢摩尼勝光佛

십념

청정법신비로자나불
淸淨法身毘盧遮那佛

원만보신노사나불
圓滿報身盧舍那佛

천백억화신석가모니불
千百億化身釋迦牟尼佛

구품도사아미타불
九品導師阿彌陀佛

당래하생미륵존불
當來下生彌勒尊佛

시방삼세일체제불
十方三世一切諸佛

시방삼세일체존법
十方三世一切尊法

대지문수보살
大智文殊菩薩

대행보현보살
大行普賢菩薩

대비관세음보살
大悲觀世音菩薩

대원본존지장보살
大願本尊地藏菩薩

제존보살마하살
諸尊菩薩摩訶薩

마하반야바라밀
摩訶般若波羅密

참회진언

옴 살바 못자못지 사다야 사바하 (7독)

저희들이 처음부터 끝까지 규범에 의지하여 도를 행하고 경전들을 외우며, 주문을 읽고 허물을 참회하며 예배하고 귀의하였사오며, 부처님 앞에 정성을 드렸으며, 보살님 앞에 죄를 참회하였사오니,

이렇게 지은 공덕으로써 극락세계의 무량수불과 화장찰해의 석가세존과 이승 저승의 신령들과 차방 타계의 신장들께 회향하는 정성을 펴옵나니, 이러한 인연으로 참회하는 제자들의 미세한 허물까지 깨끗이 씻고, 그지없는 복덕 이루어지게 하옵소서.

바라옵건대, 백천 부처님께서 외아들처럼 사랑하시는 자비심을 드리우시고, 삼세 여래로부터 일곱 가지 계율을 받자 왔사오니, 계·정·혜의 삼학이 원만하오며 용화회상에서 수기를 받아지이다.

한결같은 마음 산란치 않고, 업식이 한꺼번에 없어지며, 네 가지 은혜 골고루 갚고 삼계의 중생이 모두

이익하오며, 원수나 친한 이나 두루 이익을 받게 하옵소서.

예문에 의지하여 죄업을 참회하였사오나 드러내 보이는 정성 부족할까 걱정되오니 여러 대중은 거듭 참회를 구하나이다.

원하옵나이다. 법계의 사생육도 중생들이 수많은 세월 동안 거듭나면서 지어온 모든 죄업을 없애주소서. 또 저희들이 지금 참회하오며 예배하오니 모든 죄업이 다 없어지고 세세생생에 항상 보살도를 행하게 하옵소서.

원컨대 이 공덕이 온 누리에 두루하여 저와 일체 중생들이 이 극락세계에 왕생하고 무량수불 친견하여 모두 성불하여지이다. (3배)

육바라밀

나누고 봉사하는 보시바라밀로 인색함을 버리고, 불자오계와 생활수칙 지키는 지계바라밀로 번뇌고통 예방하고, 인욕바라밀로 힘겨움도 노여움도 참아내며 겸손하고, 정진바라밀로 쉼 없이 꾸준하게 신행하고, 선정바라밀로 지금 여기에 한마음을 집중하여 통찰하고, 지혜바라밀로 자유롭고 평화롭고 고해 해탈 행복경지 이르기를 발원합니다.

육념

염불 염법 염승
염계 염시 염천
불법승을 믿고 알아 따르기를 염원하고,
불자 오계와 국법과 생활수칙을 지키고,
불교를 알려주고 인도하는 법보시와
재화 물건 나눠주는 재보시와
노력과 재능으로 어려움 두려움 없애주는
무외보시 행하기를 염원하고,
서로 존중 배려하여 자유롭고 평안하고
평화로운 세상 이루기를 염원하고,
내생에는 왕생극락하기를 염원합니다.

六

지장 참법

『지장보살본원경』의 중요 부분을 수지독송하고 지장원찬 23존 부처님
께 예경한다. 지장보살의 자비와 원력을 본받아 행하며 업장을 참회하
고 기도하면, 다생 죄업장이 소멸되고 현실의 어려움도 극복하고 벗어
나게 된다.

또 돌아가신 영가를 위하여 지장참법 기도를 하면, 영가의 다생죄
업장이 소멸되고 어둡고 괴로운 경지를 면하며 왕생극락하게 될 것이
다. 가족은 사별의 슬픔을 극복하고 편안해질 것이다.

—

* 평소 고난에 처했을 때나 지장재일, 천도기도, 참회기도 때 본 지장참법기도를 권유한다.
* 절은 모두 78배를 한다.

어디서나 언제든지 머무시는
불법승 삼보께 믿고 따르며 절합니다. (절)
고통중생 모두모두 구하시는
지장보살님 믿고 따르오며 절합니다. (절)
남섬부주 인류세계 다스리는
지장보살님 믿고 따르오며 절합니다. (절)
유명세계 저승영혼 교주이신
지장보살님 믿고 따르오며 절합니다. (절)

지장보살 대성자께 우러르어 고하오니
만월처럼 참한 용모 강물처럼 맑은 눈매
손바닥의 마니 구슬 원만 과위 보이시고
발 아래에 고운 연꽃 인행문을 섭함이라.

144

자비광명 널리 놓고 지혜 보검 빛나시며
저승길을 밝게 비춰 죄의 뿌리 끊으시니
저희 어찌 귀의하지 않을 수가 있겠으며
감응 또한 더디다고 성화할 수 있으리까

그러므로 사바세계 사 천하 중 남섬부주
부처님의 가호 속에 무탈하게 거주하는
사부대중 저희들은 청정수월 도량에서
엄정하게 단 차리고 곱게 치장 했습니다.

꽃과 보개 아름답고 상서 기운 그윽하며
향기 또한 온 누리에 두루 가득 하시오니
가릉빈가 맑은 염불 해안 명향 사르옵고
애오라지 불법승에 지성귀의 하옵니다.

다만 오직 바라오니 먹물 옷에 깎은 머리
비구모습 나투신 몸 구름지어 보이시고
삼악도를 밝히시는 밝은 촛불 되옵시며

중생들의 업장고통 부디 건져 주옵소서.
지옥빗장 활짝 열어 수고중생 구원하고
지장보살 크신 원력 가피 입게 하옵소서.
밝은 구슬 비추는 곳 열 가지 선 생겨나고
육환장을 떨치는 곳 팔난 쉬게 하옵소서.

남의 마음 헤아리는 밝은 지혜 눈으로서
범부중생 이 마음을 밝게 살펴 보시옵고
성스러운 참 지혜와 숨은 공덕 바탕으로
티끌세상 인연 닿는 그들 청에 나가소서.

지극정성 다 기울여 일심으로 찬탄하고
공손하게 절하오며 우러르어 아뢰오니
보라 빛깔 연화대의 붉은 연꽃 봉우리에
법신보신 화신으로 나투시는 자부시여
다만 오직 원하오니 거룩하신 지장이여
위엄 있고 신령스레 일천세계 두루 하고
찬란하신 광명으로 시방세계 비추시며

이 도량에 강림하사 공덕증명 하옵소서.

인간 천상 모두 함께 흠모하고 공경하고
신들 세계 서로서로 도와주고 지켜주며
모든 횡액 소멸하고 온갖 업장 녹이시매
저희 이제 지심으로 귀명정례 하옵니다.

삼악도의 어두운 곳 밝고 밝은 달빛으로
그 얼마나 염라궁을 오고가고 하셨든가
육환장을 손에 들어 우레같이 내려치니
팔만사천 지옥문이 한꺼번에 열리소서

크신 원력 본존이신 지장보살 마하살님
두 손 모아 마음모아 지성귀의 하나이다.
이제의업 다 기울여 정성스레 절하오니
타심통을 깨우쳐서 모두 알게 하옵소서

- 일원 동봉 스님의 『일원곡』 9권 〈지장예문〉에서

지장원찬 이십삼존 여래불

지심귀명례 거룩하신 사자분신 구족만행 부처님 (절)

지심귀명례 수보리꽃 선정중의 자재왕 부처님 (절)

지심귀명례 일체지혜 성취하신 거룩하신 부처님 (절)

지심귀명례 청정연화 눈을 지닌 아름다운 부처님 (절)

지심귀명례 가이없는 몸 지니신 무변신 부처님 (절)

지심귀명례 값진 보배 지니오신 보승여래 부처님 (절)

지심귀명례 연꽃처럼 아름다운 파두마승 부처님 (절)

지심귀명례 장중하고 굵은 음성 사자후 부처님 (절)

지심귀명례 현겁세에 출현하신 구류손 부처님 (절)

지심귀명례 과거칠불 첫째이신 비바시 부처님 (절)

지심귀명례 많은 보화 지니오신 다보 부처님 (절)

지심귀명례 보배로운 모습 지닌 보상 부처님 (절)

지심귀명례 가사로써 깃대세운 가사당 부처님 (절)

지심귀명례 크고넓게 통달하신 대통산왕 부처님 (절)

지심귀명례 티가 없는 맑은 달빛 정월 부처님 (절)

지심귀명례 온갖 덕을 다 지니신 산왕 부처님 (절)

지심귀명례 그 지혜가 뛰어나신 지승 부처님 (절)

지심귀명례 유마힐의 지혜 지닌 정명왕 부처님 (절)

지심귀명례 온갖 지혜 성취하신 지성취 부처님 (절)

지심귀명례 비교할 바 없는 무상 부처님 (절)

지심귀명례 아름다운 음성 지닌 묘성 부처님 (절)

지심귀명례 보름달의 덕성 지닌 만월 부처님 (절)

지심귀명례 보름달의 모습 지닌 월면 부처님 (절)

지심귀명례 시방삼세 다하도록 일체 모든 부처님 (절)

인과율의 대승경전 지장보살 본원경과

거룩하신 대승대집 지장보살 십륜경과

인과응보 예언하는 점찰선악 업보경과

시방삼세 다하도록 존귀하신 일체법에 절합니다. (절)

관세음보살이여, 만일 미래세의 모든 사람이 옷과 음식이 부족하여 구하더라도 뜻대로 되지 않거나, 질병이 많거나, 흥하고 쇠함이 많아 집안이 불안하고 가족이 흩어지거나, 어긋나는 일이 많아 몸을 괴롭게 하거나, 잠자는 사이에 무서운 꿈으로 많이 놀란다면, 지장보살의 이름을 듣거나 형상을 보고 지극한 마음으로 공경하며 만 번을 염할지니라. 그렇게 하면 모든 좋지 않은 일들이 점점 사라지고 안락함을 얻어 먹고 입을 것이 풍족해지고, 꿈 속에서도 안락함을 얻느니라.

관세음보살이여, 만일 미래세의 선남자 선여인이 생계(生界)로 인하여, 또 공적 사적으로, 그리고 나고 죽는 일이나 급한 일 때문에, 산이나 숲속에 들어가고 강이나 바다와 같은 큰물을 건너거나 험한 길을 지나게 될 때, 먼저 지장보살의 명호를 만 번 부르면 그가 지나는 곳의 토지신이 그를 보호하여 가고 오고 앉고 눕는 모든 일이 언제나 안락하게 되며, 호랑이·늑대·사자 등 사납고 독이 많은 짐승을 만나더라도 해를 입지 않게 되느니라.

관세음보살이여, 이 지장보살은 염부제에 큰 인연이 있느니라. 만약 모든 중생들이 이 보살의 형상을 보고 명호를 들으면, 그들이 얻는 이익은 백천 겁 동안 말하여도 다할 수 없느니라.

관세음보살이여, 그대는 신통력으로 이 경전을 유포하여, 사바세계의 중생으로 하여금 백천만겁토록 안락을 누리도록 하라.

그때 세존께서 게송으로 설하여 말씀하시었다.

내가 이제 지장보살 위신력을 관하거니
항하사겁 설하여도 다 말하기 어렵도다.
잠깐 동안 보고 듣고 공경하여 예배하면
인간 천인 할 것 없이 그 이익이 한량없네.
남자거나 여자거나 용이거나 신이거나
쌓은 복이 다해지면 삼악도에 떨어지나
지장보살 위신력에 지심으로 귀의하면
수명 늘고 모든 죄장 남김없이 없어지네.

어떤 사람 어린 시절 양친부모 여의고서
부모님이 태어난 곳 어디인지 알 수 없고
형제 자매 여러 친족 남김없이 흩어져서
다 자라 난 이후에도 그 행방을 모를 때에
지장보살 그 형상을 그리거나 조성하여
지극정성 다 기울여 쉬임 없이 절을 하고

스물 하루 보살명호 생각하고 불러보면
지장보살 가없는 몸 그의 앞에 나투시어
그의 가족 태어난 곳 고루고루 보여주고
삼악도에 떨어진 자 모두모두 건져 주네
만약 능히 처음마음 잃지 않고 정진하면
성스러운 마정수기 틀림없이 받게 되리
어떤 사람 뜻을 세워 무상보리 구하거나
삼계 속의 모든 고통 벗어나기 원하올 때
모름지기 이 사람은 대비심을 발하고서
지장보살 거룩한 몸 우선먼저 첨례하면
여러 가지 모든 소원 하루빨리 성취되고
모든 업장 남김없이 모두모두 사라지네.
어떤 사람 발심하여 경전 내용 통달하여
모든 중생 피안으로 인도하기 원 하도다
비록 능히 부사의 한 거룩한 원 세웠건만
읽고 읽고 또 읽어도 기억하지 못하는 건
지난 세상 이 사람의 지은 업장 장애되어
거룩하온 대승경전 능히 외지 못함이니

향과 꽃과 옷과 음식 여러 가지 공양구로
지극정성 기울여서 지장대성 공양하고
깨끗한 물 한 그릇을 보살님께 올리고서
하루 낮과 하루 밤을 지난 뒤에 마신 다음
깊은 믿음 일으켜서 오신채를 삼가고
술과 고기 삿된 음행 망어 등은 물론이요
살생 또한 하지 않고 삼칠일을 지내면서
지장보살 그 명호를 지성으로 염한다면
꿈속에서 가이없는 대보살을 보게 되고
깨어나면 눈과 귀가 모두모두 밝아져서
대승경전 읽는 소리 귓전에만 스쳐가도
천만생을 두고두고 길이길이 기억하니
이 모두가 지장보살 부사의한 신력으로
그들에게 총명지혜 내려 주기 때문일세.

어떤 중생 가난하고 병이 많아 고생하고
집안 또한 몰락하여 가족모두 흩어지며
잠을 자면 꿈자리가 불안하기 그지없고

구하는 것 못 구하고 뜻하는 일 못 이룰 때
지장보살 존상 앞에 지성 다해 절을 하면
세상살이 그 속에서 나쁜 일 다 없어지고
잠잘 때나 꿈에서도 편안함을 얻게 되며
옷과 음식 풍족하고 착한 신이 보호하네.

어쩌다가 험한 산과 험한 바다 지나갈 때
독기품은 짐승이나 나쁜 사람 비롯하여
나쁜 신과 나쁜 귀신 여러 가지 악품으로
온갖 고통 온갖 고난 가득하다 할지라도
거룩하온 지장보살 존상 앞에 이르러서
일심으로 예배하고 지성으로 공양하면
모든 산과 바다 속에 가득하던 재난들이
모두모두 소멸되어 평온함을 얻는다네
관음이여 지심으로 나의 말을 들을지니
지장보살 위신력은 끝이 없고 부사의라
백천만겁 다하여도 공덕모두 못 설하니
지장보살 위신력을 그대 널리 알릴지라

지장보살 그 이름을 어떤 이가 혹 듣고서
거룩하온 형상 앞에 지성 다해 절을 하고
향과 꽃과 의복들과 음식 갖춰 공양하면
백천 생에 그지없는 즐거움을 누리리라
만약 능히 이 공덕을 온 법계에 회향하면
마침내는 성불하여 나고 죽음 벗어나리
그러므로 관음이여 이러한 법 잘 알아서
항하사수 저 국토에 널리 일러 줄지니라.

- 『지장경』「견문이익품」에서

바른 지혜 능히 내는 선정 드신 지장보살님 (절)
근심 없는 신통명지 대원력의 지장보살님 (절)
모든 세상 비추시는 대원력의 지장보살님 (절)
세간 길의 빛을 갖춘 대원력의 지장보살님 (절)
자비음성 모두 갖춘 대원력의 지장보살님 (절)
모든 복덕 다 모으는 자비원력 지장보살님 (절)
정력(定力)으로 전생겁을 없애시는 지장보살님 (절)
정력으로 질병겁을 없애시는 지장보살님 (절)

정력으로 기근겁을 없애시는 지장보살님 (절)

전륜왕 몸 나투는 거룩하신 지장보살님 (절)

장부의 몸 나투시는 거룩하신 지장보살님 (절)

사부대중 일체 선업 늘이시는 지장보살님 (절)

사부대중 육바라밀 미묘행을 늘이시는 지장보살님 (절)

근심고통 모두 떠나 구하는 바 채워주는 지장보살님 (절)

원망 미움 모두 떠나 사랑화합 하게 하는 지장보살님 (절)

모든 질병 낫게 하고 신심안온 하게 하는 지장보살님 (절)

독한 마음 다 버리고 자비마음 내게 하는 지장보살님 (절)

수갑 채찍 가해함을 면해주는 대위력의 지장보살님 (절)

몸과 마음 건강하고 기력강성 하게 하는 지장보살님 (절)

　　보현보살이 말하시길, "나는 비록 예부터 삼악도의 죄보를 알고 있지만 인자는 말씀하소서. 후세 말법시대의 모든 죄 많은 중생들로 하여금 인자의 말씀을 듣고 불법에 귀의하여 평화롭게 살게 하고자 함이나이다."

　　지장보살이 말하기를,

　　"인자시여, 지옥에서 죄업으로 받는 과보는 이러하나이다.

어떤 지옥은 죄인의 혀를 빼내어 소로 하여금 갈게 하며, 어떤 지옥은 죄인의 심장을 빼내어 야차가 먹으며, 어떤 지옥은 죄인의 몸을 끓는 가마솥 물에 삶으며, 어떤 지옥은 죄인에게 벌겋게 달군 구리쇠 기둥을 안게 하며, 어떤 지옥은 죄인을 맹렬한 불무더기가 쫓아다니며,

어떤 지옥은 온통 찬 얼음뿐이며,

어떤 지옥은 끝없는 똥오줌이며,

어떤 지옥은 빈틈없이 화살이 날으며,

어떤 지옥은 많은 불창이 찌르며,

어떤 지옥은 가슴과 등을 치며,

어떤 지옥은 손과 발을 태우며,

어떤 지옥은 쇠뱀이 감으며,

어떤 지옥은 무쇠개에 쫓기며,

어떤 지옥은 무쇠나귀에 끌리게 하나이다.

인자시여, 이러한 업보로 지옥마다 각각 백천 가지의 형벌하는 기구가 있나이다."

-『지장경』「지옥명호품」에서

「지옥명호품」에 위에서 말한 것과 같거나 다른 48종 지옥이 있으며, 각각 또 수많은 크고 작은 지옥이 있다고 하였다.

또한 이 지옥들은 모두 다 본인이 과거세나 현세에 탐욕에 빠져서, 혹은 분노가 일어나서, 혹은 어리석은 견해로 인해 지은 업보가 원인이 되어 지옥 고통을 받게 된다고 하였다. 그러므로 금생에 모든 죄업을 참회하고 또 지극한 정성과 온 몸을 다하여 참회하고 조심하기를 서원해야 한다.

지장보살 멸정업진언
옴 바라 마니다니 사바하 (7독)

참회진언
옴 살바 못자못지 사다야 사바하 (7독)

그때 부처님께서 금빛 팔을 드시어 지장보살마하살의 이마를 어루만지며 말씀하시었다.

"지장보살이여,

그대의 신력(神力)은 불가사의하도다.

그대의 자비(慈悲)는 불가사의하도다.

그대의 지혜(智慧)는 불가사의하도다.

그대의 변재(辯才)는 불가사의하도다.

시방의 모든 부처님이 천만 겁 동안 찬탄할지라도 그대의 불가사의한 공덕은 다 말할 수 없느니라.

지장보살이여, 내가 오늘 백천만억의 모든 불보살과 천·용 등의 무리들이 모인 이 도리천궁의 큰 모임에서, 인간과 천상의 모든 중생들을 또다시 그대에게 부촉하노라.

불타는 집과 같은 삼계(三界火宅)에서 나오지 못하는 모든 중생들을 그대에게 맡겨 하루 낮 하루 밤이라도 악도에 떨어지지 않게 함이니, 어찌 오무간지옥에 떨어져 천만억 겁을 지내도 나올 기약이 없게 하겠느냐.

지장보살이여, 이 염부제 중생들은 근기와 성품이 약하여 악한 짓을 익히는 자가 많고, 비록 착한 마음을 내어도 곧 사라지느니라. 만약 악한 인연을 만나면 생각 생각마다 악이 더 늘어나니, 이러한 까닭으로 나는 몸을 백천만억으로 나투어 근기와 성품에 따라 그들을 교화하고 제도하여 해탈시키는 것이니라.

지장보살이여, 내가 이제 간절히 인간과 천상의 무리들을 그대에게 부촉하노니, 만약 미래세에 천상과 인간세상의 선남자 선여인이 불법 가운데서 털끝 하나·티끌 하나·모래 한 알·물 한 방울만 한 작은 선근이라도 심으면, 그대는 도력(道力)으로 그 사람들을 보호하여 물러섬이 없이 위없는 도를 닦게 하라.

지장보살이여, 만약 미래세의 천인이나 인간 중에서 업에 따라 과보를 받아 악도에 떨어지는 자가 있거든, 그대는 그가 떨어진 곳으로 나아가라. 그리고 모든 중생들이 지옥문에 이르러, 한 게송만이라도 외운다면, 이 모든 중생들을 신통력과 방편으로 구출하여 고통에서 벗어나게 하되, 그 사람이 있는 곳에 가없는 몸(無邊身)을 나타내어 지옥을 부수고, 하늘에 태어나 뛰어난 즐거움을 받을 수 있게 할지니라."

부처님께서 다시 게송으로 말씀하시었다.

현재와 미래세에 모든 중생을
내 이제 그대에게 부촉하노니
그대는 큰 신통과 큰 방편으로
중생을 두루 널리 제도하여서
악도에 떨어지지 않도록 하라.

- 『지장경』 「촉루인천품」에서

두려움을 모두 떠나
신명 보전하게 하는 지장보살님 (절)
근심고통 모두 떠나
공부 만족하게 하는 지장보살님 (절)
살생하는 사람 보면
단명보를 설해주는 지장보살님 (절)
훔치는 자 보게 되면
가난고통 받게 됨을 설해주는 지장보살님 (절)
악담 비방하는 사람 보면 권속들의 투쟁 보를
설해주는 지장보살님 (절)
성내는 자 보게 되면

추루하고 잔인한 보 설해주는 지장보살님 (절)

인색한 자 보게 되면

구하는 바 어긋남을 설해주는 지장보살님 (절)

절제 없이 사냥하면

놀라 미쳐 죽게 됨을 설해주는 지장보살님 (절)

부모에게 패역하면

패역자식 두는 보를 설해주는 지장보살님 (절)

부처님 법 경시하면

길이 악도 떨어짐을 설해주는 지장보살님 (절)

상주물을 파괴하면

지옥세계 윤회함을 설해주는 지장보살님 (절)

재와 계율 깨뜨리면

새와 짐승 기아보를 설해주는 지장보살님 (절)

비리로써 마구 쓰면

구하는 바 품절됨을 설해주는 지장보살님 (절)

아만심이 가득하면

하천하게 되는 보를 설해주는 지장보살님 (절)

백천선교 방편으로

중생들을 교화하는
지장보살 마하살님 (절)

- 일원 동봉 스님의 『일원곡』 9권 「지장참회문」에서

이때 지장보살마하살이 무릎을 꿇어 합장하고 부처님께 아뢰었다.

"세존이시여, 염려하지 마옵소서. 만약 미래세의 선남자 선여인이 불법에 대해 한 생각의 공경심만 일으켜도, 저는 백천 가지 방편으로 그 사람을 제도하여 속히 생사 가운데에서 해탈을 얻게 할 것이옵니다. 하물며 여러 가지 착한 일을 닦는 사람이야 말할 나위가 있겠나이까. 이 사람은 자연히 위없는 깨달음에서 영원히 물러서지 않게 될 것이옵니다."

이 말씀을 할 때 모임에 참석하였던 허공장보살(虛空藏菩薩)이 부처님께 아뢰었다.

"세존이시여, 저는 이 도리천에 이르러 부처님께서 지장보살의 불가사의한 위신력을 찬탄하시는 것을 잘 들었나이다. 만약 미래세에 선남자 선여인과 천·용 등

이 있어 이 경전과 지장보살의 명호를 듣거나 또는 지장보살의 형상을 우러러 예배하게 된다면 몇 가지의 복과 이익을 얻게 되나이까? 세존이시여, 현재와 미래의 모든 중생을 위하여 간략히 말씀하여 주시옵소서."

부처님께서 허공장보살에게 말씀하셨다.

"자세히 듣고 자세히 들어라. 마땅히 그대를 위해 분별하여 말하리라. 만약 미래세의 선남자 선여인이 지장보살의 형상을 보거나 이 경을 듣거나 독송하고, 향·꽃·음식·의복·보배 등을 보시하여 공양하고 찬탄하고 우러러 예배하면, 마땅히 스물여덟 가지 공덕을 얻으리라.

1. 천인과 용이 항상 지켜주고

2. 선한 과보가 나날이 더해지며

3. 성인들과 좋은 인연을 맺으며

4. 보리심(菩提心)이 후퇴하지 않으며

5. 먹고 입을 것이 풍족하여지며

6. 질병이 침범하지 않으며

7. 수재나 화재를 만나지 않으며

8. 도둑으로 인한 재앙이 없으며

9. 사람들로부터 존경을 받으며

10. 귀신이 돕고 또 지켜 주느니라.

11. 여자는 다음 생에 남자가 될 수 있고

12. 여자라면 훌륭한 가문에 태어나며

13. 용모가 단정하고 빼어나며

14. 여러 생 동안 천상에 태어나며

15. 때로는 제왕이 되기도 하고

16. 전생 내생의 일을 알게 되며

17. 구하는 바를 뜻대로 이루게 되며

18. 가족 친척들이 모두 화목하며

19. 뜻밖의 재앙이 모두 소멸되느니라.

20. 나쁜 업의 길이 영원히 없어지고

21. 가는 곳마다 막힘이 없으며

22. 밤에는 꿈이 안락하고

23. 조상들의 괴로움에서 벗어나고

24. 다시 태어날 때 복을 타고 태어나며

25. 모든 성현이 찬탄을 하며

26. 총명하고 근기가 빼어나게 되며

27. 자비심이 더욱 풍부해지고

28. 마침내는 부처를 이루느니라.

　　허공장보살이여, 또한 현재와 미래의 천·용·귀신 등이 지장보살의 명호를 듣거나 지장보살의 형상에 예배하거나, 지장보살의 본원(本願)에 대한 이야기를 듣고 수행하고 찬탄하며 우러러 예배하면 다음 일곱 가지의 이익을 얻게 되느니라.

1. 속히 성현의 지위에 오르고

2. 악업이 소멸되며

3. 모든 부처님이 지켜주시며

4. 깨달음의 길에서 물러서지 않으며

5. 본원력이 더욱 더 커지며

6. 숙명(宿命)을 통달하며

7. 마침내는 부처를 이루느니라."

그때 시방세계 여러 곳에서 오신 모든 부처님과 대보살과 천·용 등의 팔부신중이 석가모니부처님께서 지장보살의 불가사의한 큰 위신력을 높이높이 찬탄하시는 것을 듣고, 모두가 일찍이 없었던 일이라며 찬탄하였다.

　　이때 도리천으로 한량없는 향과 꽃과 하늘 옷과 보배구슬이 비오듯 내려 석가모니부처님과 지장보살님께 공양을 하여 마치자, 모임의 일체 대중들이 다함께 다시 우러러 예경하고 합장하며 물러갔다.

크신 사랑 고통 나눔

관음보살 마하살께 절하옵니다. (절)

크신 기쁨 크신 나눔

세지보살 마하살께 절하옵니다. (절)

용화세계 하생하실

아일다 미륵보살님께 절하옵니다. (절)

찬란하신 눈매 지닌

광옥보살 마하살께 절하옵니다. (절)

온갖 재난 소멸하는

일광보살 마하살께 절하옵니다. (절)

온갖 재난 쉬게 하는

월광보살 마하살께 절하옵니다. (절)

다함없는 뜻을 지닌

무진의보살님께 절하옵니다. (절)

삼계윤회 벗어나신

해탈보살님께 절하옵니다. (절)

시방삼세 다하도록

일체 모든 보살님께 절하옵니다. (절)

교를 열고 펼치시는

권선대사 도명존자님께 절하옵니다. (절)

저승세계 뛰어들어 교화 돕는

무독귀왕님께 절하옵니다. (절)

시방삼세 다하도록

현자성자 스님들께 절하옵니다. (절)

참회진언

옴 살바 못자모지 사다야 사바하 (7독)

지장보살 멸정업진언
옴바라 마니다니 사바하 (7독)

　원하옵나이다. 법계의 사생육도 중생들이 수많은 세월 동안 거듭나면서 지어온 모든 죄업을 없애주소서. 또 저희들이 지금 참회하오며 예배하오니 모든 죄업이 다 없어지고 세세생생에 항상 보살도 행하게 하옵소서.
　원컨대 이 공덕이 온 누리에 두루하여 일체 중생들이 모두 성불하여지기를 발원합니다. (3배)

육바라밀
나누고 봉사하는 보시바라밀로 인색함을 버리고, 불자 오계와 생활수칙 지키는 지계바라밀로 번뇌고통 예방하고, 인욕바라밀로 힘겨움도 노여움도 참아내며 겸손하고, 정진바라밀로 쉼 없이 꾸준하게 신행하고, 선정바라밀로 지금 여기에 한마음을 집중하여 통찰하고, 지혜바라밀로 자유롭고 평화롭고 고해 해탈 행복경지 이르기를 발원합니다.

육념

염불 염법 염승

염계 염시 염천

불법승을 믿고 알아 따르기를 염원하고,

불자 오계와 국법과 생활수칙을 지키고,

불교를 알려주고 인도하는 법보시와

재화 물건 나눠주는 재보시와

노력과 재능으로 어려움 두려움 없애주는

무외보시 행하기를 염원하고,

서로 존중 배려하여 자유롭고 평안하고

평화로운 세상 이루기를 염원하고,

내생에는 왕생극락하기를 염원합니다.

보현행원 참법

본 장은 『화엄경』「보현행원품」에서 중복되는 부분을 생략하고 조금 줄여서 독송하며 발원하게 하였다.

보현보살 십종행원은 불교신행의 대부분이 들어 있고, 이 십대행원을 다하면 신행과 수도를 다한다고 할 수 있다. 이 십대행원을 거듭 독송하며 서원을 다짐하고 『화엄경』에 등장하는 불보살님 명호를 부르며 참회하고 발원하도록 하였다.

---

* 불자의 도리와 불교신행의 근간을 익히고 실천행을 다짐하는 참법기도다.
* 신심(信心)을 다지고 원력(願力)을 갖게 하는 독송과 76배 하는 기도법이다.

지심귀명례 청정법신 비로자나불 (절)

지심귀명례 원만보신 노사나불 (절)

지심귀명례 천백억 화신 석가모니불 (절)

지심귀명례 극락세계교주 아미타불 (절)

지심귀명례 미래용화세계교주 미륵불 (절)

지심귀명례 화장장엄세계 칠처구회 제불보살 (절)

지심귀명례 대지문수사리 보살 (절)

지심귀명례 대행보현보살 (절)

대방광불화엄경 부사의해탈경계 보현행원품
大方廣佛華嚴經 不思議解脫境界 普賢行願品

그때에 보현보살 마하살이 부처님의 수승하신 공덕을 찬탄하고 나서 모든 보살과 선재동자께 말씀하시었다.

선남자여, 여래의 공덕은 가사[35] 시방에 계시는 일체 모든 부처님께서 불가설 불가설 불찰 극미진수[36]겁을 지내면서 계속하여 말씀하시더라도 다 말씀하지 못하느니라.

만약 이러한 공덕문을 성취하고자 하거든 마땅히 열 가지 넓고 큰 행원을 닦아야 하나니 열 가지를 닦아 행하고자 하옵니다.

첫째는 모든 부처님께 예배하고 공경하기를 원합니다. (절)
〔禮敬諸佛願〕

둘째는 부처님을 찬탄하기를 원합니다. (절)
〔稱讚如來願〕

셋째는 널리 공양하기를 원합니다. (절)
〔廣修供養願〕

넷째는 모든 업장을 참회하기를 원합니다. (절)
〔懺除業障願〕

다섯째는 남이 짓는 공덕을 기뻐하기를 원합니다. (절)
〔隨喜功德願〕

여섯째는 설법하여 주시기를 청하는 게 원입니다. (절)
〔請轉法輪願〕

일곱째는 부처님께 이 세상에 오래 계시기를

청하는 게 원입니다. (절)
〔請佛住世願〕

여덟째 항상 부처님을 따라 배우기를 원합니다. (절)
〔常隨佛學願〕

아홉째 항상 중생을 수순하기를 원합니다. (절)
〔恒順衆生願〕

열째는 지은 바 모든 공덕을 널리 회향하기를 원합니다. (절)
〔普皆廻向願〕

선재동자가 사루어 여쭙되,

"대성이시여, 어떻게 예배하고 공경하오며, 어떻게

회향 하오리까."

보현보살이 선재동자에게 말씀하시었다.

"선남자여, 모든 부처님께 예배하고 공경한다는 것은 진법계 허공계 시방삼세 일체불찰 극미진수 모든 부처님을 내가 보현행원의 원력으로 눈앞에 대하듯 깊은 믿음을 내어서 청정한 몸과 말과 뜻을 다하여 항상 예배하고 공경하되 각각 부처님 계신 곳마다 불가설 불가설 불찰 극미진수의 몸을 나투고 낱낱의 몸으로 불가설 불가설 불찰 극미진수 부처님께 두루 예배하고 공경하는 것이니 허공계가 다하면 나의 예배하고 공경함도 다하려니와 허공계가 다할 수 없으므로 나의 예배하고 공경함도 다함이 없느니라."

나무 대행원 보현보살 마하살 (3독)

선남자여, 또한 부처님을 찬탄하는 것은 진법계 허공계 시방삼세 일체세계에 있는 극미진의 그 낱낱 미진 속마다 일체세계 극미진수 부처님이 계시고 그 낱낱 부처님 계신 곳마다 한량없는 보살님이 둘러 계심에 내 마땅히 깊고 수승한 알음알이의 분명한 지견으로 각각 변재천녀[37)의 혀보다 나은 미묘한 혀를 내며 낱낱 혀보다 한량없는 음성을 내며 낱낱 음성마다 한량없는 온갖 말을 내어서 일체 부처님의 한량없는 공덕을 찬탄하여 미래세가 다하도록 계속하여 끊이지 아니하되 끝없는 법계에 두루하는 것이니라.

나무 대행원 보현보살 마하살 (3독)

선남자여, 또한 널리 공양 한다는 것은 진법계 허공계 시방삼세 일체불찰 극미진마다 각각 일체세계 극미진수의 부처님이 계시고 낱낱 부처님 계신 곳마다 한량없는 보살들이 둘러 계심에 내가 보현행원의 원력으로 깊고깊은 믿음과 분명한 지견을 일으켜 여러 가지 으뜸 가는 묘한 공양구로 공양하되 미래세가 다하도록 끊이지 아니하여 끝없는 법계에 두루하는 것이니라.

선남자여, 모든 공양가운데는 법공양이 가장 으뜸이

되나니 이른바 부처님 말씀대로 수행하는 공양이며, 중생들을 이롭게 하는 공양이며, 중생을 섭수하는 공양이며, 중생의 고를 대신 받는 공양이며, 선근을 부지런히 닦는 공양이며, 보살업을 버리지 않는 공양이며, 보리심을 여의지 않는 공양이니라.

이 넓고 크고 가장 수승한 공양을 허공계가 다하고 중생계가 다하고 중생의 업이 다하고 중생의 번뇌가 다하면 나의 공양도 다하려니와 허공계와 내지 중생의 번뇌가 다함이 없으므로 나의 공양도 다함이 없어 생각생각 상속[38]하여 끊임이 없되 몸과 말과 뜻으로 짓는 일에 지치거나 싫어하는 생각이 없느니라.

나무 대행원 보현보살 마하살 (3독)

선남자여,

또한 업장을 참회한다는 것은 보살이 스스로 생각하기를 "내가 과거 한량없는 겁으로부터 탐내는 마음과 성내는 마음과 어리석은 마음으로 말미암아 몸과 말과 뜻으로 지은 모든 악한 업이 한량없고 가없어 만약 이 악업이 형체가 있는 것이라면 끝없는 허공으로도 용납할 수 없으리니 내 이제 청정한 삼업으로 널리 법계 극미진수 일체 세계 불보살전에 두루 지성으로 참회하되 다시는 악한 업을 짓지 아니하고 항상 청정한 계행의 일체 공덕에 머물러 있으오리다." 하는 것이니라.

나무 대행원 보현보살 마하살 (3독)

　선남자여, 또한 남이 짓는 공덕을 기뻐한다는 것은 저 시방 일체 세계의 육취[39] 사생[40] 일체 종류 중생들이 짓는 공덕 내지 한 티끌만한 것이라도 모두 따라 기뻐하며 시방삼세의 일체 성문[41]과 벽지불[42]인 유학 무학들이 지은 모든 공덕을 내가 따라 기뻐하며 일체 보살들이 한량없는 난행 고행 닦아서 무상정등보리[43]를 구하는 넓고 큰 공덕을 내가 모두 따라 기뻐하는 것이니라.

나무 대행원 보현보살 마하살 (3독)

지심귀명례 청정법신 비로자나불 (절)

지심귀명례 원만보신 노사나불 (절)

지심귀명례 천백억화신 석가모니불 (절)

지심귀명례 동방만월세계 약사여래불 (절)

지심귀명례 남방환희세계 보생불 (절)

지심귀명례 서방극락세계 아미타불 (절)

지심귀명례 북방무우세계 부동존여래불 (절)

지심귀명례 비바시불 (절)

지심귀명례 시기불 (절)

지심귀명례 비사부불 (절)

지심귀명례 구류손불 (절)

지심귀명례 구나함모니불 (절)

지심귀명례 가섭불 (절)

지심귀명례 과거 연등불 (절)

지심귀명례 미래용화세계 미륵불 (절)

지심귀명례 대방광불화엄경 화장장엄세계해

제일처 보리장회 제불제보살 (절)

지심귀명례 대방광불화엄경 화장장엄세계해

제이처 보광당회 제불제보살 (절)

지심귀명례 대방광불화엄경 화장장엄세계해

제삼처 도리천궁회 제불제보살 (절)

지심귀명례 대방광불화엄경 화장장엄세계해

제사처 야마천궁회 제불제보살 (절)

지심귀명례 대방광불화엄경 화장장엄세계해

제오처 도솔천궁회 제불제보살 (절)

지심귀명례 대방광불화엄경 화장장엄세계해

제육처 타화자재천궁회 제불제보살 (절)

지심귀명례 대방광불화엄경 화장장엄세계해

제칠처 중회보광당회 제불제보살 (절)

지심귀명례 대방광불화엄경 화장장엄세계해

제팔처 삼회보광당회 제불제보살 (절)

지심귀명례 대방광불화엄경 화장장엄세계해

제구처 서다림회 제불제보살 (절)

지심귀명례 대방광불화엄경 화장장엄세계해

제십처 법계말회 제불제보살 (절)

지심귀명례 대지 문수사리보살 (절)

지심귀명례 대행 보현보살 (절)

지심귀명례 대자대비 관세음보살 (절)

지심귀명례 대희대사 대세지보살 (절)

지심귀명례 대원본존 지장보살 (절)

지심귀명례 법혜보살 (절)

지심귀명례 공덕림보살 (절)

지심귀명례 금강당보살 (절)

지심귀명례 금강장보살 (절)

지심귀명례 시방법계 모든 보살 (절)

지심귀명례 시방법계 모든 스님 (절)

또 다시 이와 같은 시방 진허공계(十方盡虛空界)의 모든 삼보와 한량없는 현성(賢聖)께 귀의합니다. (절)

선남자여, 또한 설법하여 주시기를 청한다는 것은 진법계 허공계 시방삼세 일체불찰 극미진마다 각각 불가설 불가설 불찰 극미진수의 광대한 부처님 세계가 있으니 이 낱낱 세계의 염념 중에 불가설 불가설 불찰 극미진수의 부처님이 계셔서 정등각을 이루시고 일체 보살들로 둘리어 계시거든 내가 그 모든 부처님께 몸과 말과 뜻으로 가지가지 방편을 지어 설법하여 주시기를 은근히 권청하는 것이니라.

이와 같이 하여 허공계가 다하고 중생계가 다하고 중생의 업이 다하고 중생의 번뇌가 다하여도 내가 항상 일체 부처님께 바른 법 설하여 주시기를 권청하는 것은 다함이 없어 생각생각 상속하고 끊임이 없되 몸과 말과 뜻으로 짓는 일에 지치거나 싫어하는 생각이 없느니라.

나무 대행원 보현보살 마하살 (3독)

선남자여, 또한 부처님께 이 세상에 오래 계시기를 청한다는 것은 진법계 허공계 시방삼세 일체 불찰 극미진수의 모든 부처님께서 장차 열반에 드시려 하실 때와 또한 모든 보살과 성문 연각인 유학 무학과 내지 일체 모든 선지식에게 두루 권청하되 '열반에 드시지 말고 일체 불찰 극미진수겁도록 일체중생을 이롭게 하여 주소서' 하는 것이니라.

나무 대행원 보현보살 마하살 (3독)

선남자여, 또한 항상 부처님을 따라 배우자는 것은 사바세계의 비로자나여래께서 처음 발심하실 때로부터 정진하여 물러나지 아니하고 불가설 불가설의 몸과 목숨을 보시하시되 가죽으로 종이를 삼고 뼈로서 붓을 삼고 피로 먹물을 삼아서 경전을 쓰시기를 수미산만큼 하셨으나 법을 존중히 여기는 고로 신명을 아끼지 아니하셨음을 알아야 하느니라.

내지 보리수하에서 대보리를 이루시던 일이나 가지가지 신통을 보이시사 변화를 일으키시던 일이나 가지가지 부처님 몸을 나투사 중회에 처하시어 여러 회중에서 원만하신 음성을 마치 큰 우레 소리와도 같게 하여 그들이 좋아함을 따라서 중생을 성숙시키던 일이나 내지 열반에 드심을 나투심이겠는가.

이와 같이 일체를 내가 다 따라서 배우되 지금의 세

존이신 비로자나부처님과 같이 하는 것이니라.

나무 대행원 보현보살 마하살 (3독)

선남자여, 중생을 수순한다는 것은 진법계 허공계 시방세계에 있는 중생들이 가지가지 차별이 있으니 이른바 알로 나는 것, 태로 나는 것, 습기로 나는 것, 화하여 나는 것들이 혹은 지수화풍을 의지하여 살기도하며 혹은 허공이나 초목에 의지하여 살기도 하는 이러한 여러 가지 중생들을 내가 다 수순하여 가지가지로 섬기며 공양하기를 부모와 같이 공양하며 스승이나 아라한이나 내지 부처님과 조금도 다름없이 받들되 병든 이에게는 어진 의원이 되고 길 잃은 이에게는 바른길을 가리키고 어두운 밤중에도 광명 되고 가난한 이에게는 보배를 얻게 하나니 보살이 이와 같이 평등히 일체 중생을 이익하게 하는 것이니라.

어떠한 까닭인가.

만약 보살이 능히 중생을 수순하면 곧 모든 부처님

을 수순하며 공양함이 되며 만약 중생을 존중히 받들어 섬기면 곧 여래를 존중히 받들어 섬김이 되며 만약 중생으로 하여금 환희심이 나게 하면 곧 일체 여래로 하여금 환희 하시게 함이니라.

모든 부처님께서는 대비심으로 체를 삼으시는 까닭에 중생으로 인하여 대비심을 일으키고 대비로 인하여 보리심을 발하고 보리심으로 인하여 정등각을 이루시나니 그런 까닭에 만약 보살들이 대비의 물로 중생을 유익하게 하면 곧 아뇩다라삼먁삼보리를 성취하게 됨이니라.

그러므로 보리는 중생에 속하는 것이니 만약 중생이 없으면 일체 보살이 마침내 무상정각을 이루지 못하느니라.

나무 대행원 보현보살 마하살 (3독)

선남자여, 또한 지은 공덕을 널리 회향한다는 것은 처음에 부처님께 예배하고 공경하는 것으로부터 중생을 수순하는 것까지의 모든 공덕을 진법계 허공계 일체중생에게 남김없이 회향하여 중생으로 하여금 항상

안락하고 일체 병고는 영영 없기를 원하며 악한 일을
하고자 하면 하나도 됨이 없고 착한 업을 닦고자 하면
다 속히 성취하여 일체 악취의 문을 닫아버리고 열반
에 이르는 바른 길을 보이며 모든 중생이 그 지어 쌓은
모든 악업으로 인하여 얻게 되는 일체의 괴로움은 내
가 다 대신 받아서 저 중생으로 하여금 모두 해탈케 하
여 마침내 무상보리를 성취하게 하는 것이니라.

나무 대행원 보현보살 마하살 (3독)

　　예경제불원(禮敬諸佛願)

　　칭찬여래원(稱讚如來願)

　　광수공양원(廣修供養願)

　　참회업장원(懺悔業障願)

　　수희공덕원(隨喜功德願)

　　청전법륜원(請轉法輪願)

　　청불주세원(請佛住世願)

　　상수불학원(常隨佛學願)

항순중생원(恒順衆生願)

보개회향원(普皆廻向願)

선남자여, 이것이 보살마하살이 열 가지 대원을 구족하고 원만하게 함이니 만약 모든 보살이 대원에 수순하여 나아가면 능히 일체 중생을 성숙하게 하고 아뇩다라삼먁삼보리에 수순하게 하여 보현보살의 한량없는 모든 행원을 원만히 성취케 하나니 너희들은 이 뜻을 마땅히 이와 같이 알지니라.

중생들이 이 대원행을 듣거나 믿고 다시 받아 읽고 외우고 널리 남을 위하여 설한다면 이 지은 공덕은 부처님을 제외하고는 아무도 알 사람이 없나니 그러므로 이 대원행을 듣고 의심을 내지 말지니라.

마땅히 지성으로 받아 읽고, 외우고, 지니고, 베껴써서 남을 위하여 설한다면 이 모든 사람들은 일념 간에 모든 행원을 다 성취하며 그 얻는 복의 크기는 한량이 없고 가이없어 능히 대번뇌 고해 중에 빠진 중생들을 제도하여 마침내 생사에서 벗어나 아미타불 극락세계에 왕생하게 되리라.

그때에 보현보살마하살이 이 뜻을 거듭 말씀하시고자 널리 시방을 관하시고 게송을 설하시었다.

가없는 시방세계 그 가운데 과거현재 미래의 부처님들께 맑고 맑은 몸과 말과 뜻을 기울여 빠짐없이 두루두루 절합니다. (절)

보현보살 행과 원의 위신력으로 널리 일체 여래 전에 몸을 나투고 한 몸 다시 많은 수로 몸을 나투어 변만(遍滿)하신 부처님께 절합니다. (절)

한 티끌 속 미진수효 부처님 계셔 곳곳마다 많은 보살 모이시었고 무진법계 미진에도 또한 그 같이 부처님이 충만하심 깊이 믿으며 몸 마다 한량없는 음성으로써 다함없는 묘한 말씀 모두 내어서 오는 세상 일체겁이 다할 때까지 부처님의 깊은 공덕 찬탄합니다. (절)

넓고 크고 수승하온 이내 슬기로 시방삼세 부처님을 깊이 믿어서 보현보살 행원력을 모두 기울여 일체제불 빠짐없이 공양합니다. (절)

지난 세상 내가 지은 모든 악업은 무시이래 탐심 진

심 어리석음이 몸과 말과 뜻으로 지었음이니 내가 이제 남김없이 참회합니다. (절)

시방삼세 여러 종류 모든 중생과 성문 연각 유학 무학 여러 소승과 일체의 부처님과 모든 보살이 지니신 온갖 공덕 기뻐합니다. (절)

시방세계 계시는 세간 등불과 가장 처음 보리도를 이루신 님께 위 없는 묘한 법문 설하시기를 내가 이제 지성 다해 권청합니다. (절)

부처님이 대열반에 들려하시면 찰진겁[44]을 이 세상에 계시오면서 일체중생 안락하게 살펴주시길 있는 지성 기울여서 권청합니다. (절)

예경하고 찬탄하고 공양한 복덕 오래 계셔 법문하심 청하온 공덕 기뻐하고 참회하온 온갖 선근을 중생들과 보리도에 회향합니다. (절)

여러 가지 즐거움이 원만하도록 오는 세상 부처님께 공양드리고 삼세의 부처님을 따라 배워서 무상보리 속히 얻기 원하옵니다. (절)

시방세계 온갖 종류 모든 중생이 근심걱정 다 여의어

항상 즐겁고 깊고 깊은 바른 법문 공덕 받아서 모든 번뇌 남김없이 없애지이다. (절)

청정하온 바라밀을 힘써 닦아서 어느 때나 보리심을 잊지 않으며 모든 업장 모든 허물 멸해버리고 일체의 묘한 행을 성취하오며. (절)

연꽃잎에 물방울이 붙지 않듯이 해와 달이 허공에 머물지 않듯 어두운 맘 미욱한 업 하근기라도 세간 그 속에서 해탈얻으리. (절)

일체 악과 온갖 고통 모두 없애고 중생에게 즐거움을 고루 주기를 찰진겁이 다하도록 쉬지 않으며 시방중생 위하는 일 한이 없으리. (절)

어느 때나 중생들을 수순하면서 오는 세상 일체겁이 다할 때까지 보현보살 광대행을 항상 닦아서 위없는 원만보리 얻으오이다. (절)

나와 함께 보현행을 닦는 이들은 어느 때나 같은 곳에 함께 모이어 몸과 말과 뜻의 업이 모두 같아서 일체행원 다 같이 닦아지기를 기원합니다. (절)

나무 대방광불화엄경 (7독)

십념

청정법신 비로자나불

원만보신 노사나불

천백억화신 석가모니불

구품도사 아미타불

당래하생 미륵존불

시방삼세 일체제불

시방삼세 일체존법

대지문수보살

대행보현보살

대비관세음보살

대원본존 지장보살

제존보살 마하살

마하반야바라밀 (절)

참회진언

옴 살바 못자모지 사다야 사바하 (7독)

원하옵나이다. 법계의 사생육도 중생들이 수많은 세월 동안 거듭나면서 지어온 모든 죄업을 없애주소서. 또 저희들이 지금 참회하오며 예배하오니 모든 죄업이 다 없어지고 세세생생 항상 보살도 행하게 하옵소서. (절)

원컨대 이 공덕이 온 누리에 두루하여 저와 일체 중생들이 극락세계에 왕생하고 무량수불 친견하여 모두 성불하여지이다. (3배)

육바라밀

나누고 봉사하는 보시바라밀로 인색함을 버리고, 불자 오계와 생활수칙 지키는 지계바라밀로 번뇌고통 예방하고, 인욕바라밀로 힘겨움도 노여움도 참아내며 겸손하고, 정진바라밀로 쉼 없이 꾸준하게 신행하고, 선정바라밀로 지금 여기에 한마음을 집중하여 통찰하고, 지혜바라밀로 자유롭고 평화롭고 고해 해탈 행복경지 이르기를 발원합니다.

육념

염불 염법 염승

염계 염시 염천

불법승을 믿고 알아 따르기를 염원하고,

불자 오계와 국법과 생활수칙을 지키고,

불교를 알려주고 인도하는 법보시와

재화 물건 나눠주는 재보시와

노력과 재능으로 어려움 두려움 없애주는

무외보시 행하기를 염원하고,

서로 존중 배려하여 자유롭고 평안하고

평화로운 세상 이루기를 염원하고,

내생에는 왕생극락하기를 염원합니다.

오색영롱한
영축산

八

승만부인 서원과
육방예경 참법

승만부인은 『승만경』의 주인공으로 친정 두 부모님의 뜻을 잘 받들고 부처님께 10대원과 3대서원을 발하고 부처님께 수기 받은 재가 불제자다. 본 참법은 승만부인의 서원을 본받아 다짐하고 다겁다생의 죄업을 참회하는 것을 주로 하고 있다.

그 다음은 『육방예경』의 내용으로 이 경전에는 지중한 인연관계인 부모와 자식 간에, 부부 간에, 친구 간에, 스승과 제자 간에, 고용주와 노동자 간에, 스님과 신도 간에 지켜야 할 예의와 의무를 구체적으로 설하고 있다. 이 여섯 관계를 원만히 함으로써 자신과 가족과 사회가 화합하고 평안하게 된다. 이처럼 『육방예경』은 자타가 안정되고 평화롭게 살게 되는 도리이므로, 익히며 다짐하고 참회하는 장이다.

이 장의 참법기도는 세상을 살아감에 있어 인성을 갖추고 서로를 공경하며 어울려 삶을 조화롭게 하는 가르침이며, 기도발원이다.

———

* 신도와 재가단체의 법회나 기도 중에 하기를 권유한다.
* 절은 모두 69배를 한다.

승만부인 서원

저희 이제 부드러운 청정수를 길어다가
모든 열뇌 식혀주는 감로다를 만들어서
거룩하신 불 법 승 삼보 전에 올리오니
사랑으로 연민으로 받으시기 원합니다.

향수해례
香水海禮

한국 불교 전통에서 1960년대까지 아침예불 때 향수해례를 하였다.

나무 향수해 화장계 비로해회 제불제보살 (절)
南無 香水海 華藏界 毗盧海會 諸佛諸菩薩

나무 천화대 연장계 사나해회 제불제보살 (절)
南無 千華臺 蓮藏界 舍那海會 諸佛諸菩薩

나무 천화상 백억계 석가해회 제불제보살 (절)
南無 千華上 百億界 釋迦海會 諸佛諸菩薩

나무 일월광 유리계 약사해회 제불제보살 (절)
南無 日月光 琉璃界 藥師海會 諸佛諸菩薩

나무 안양국 극락계 미타해회 제불제보살 (절)
南無 安養國 極樂界 彌陀海會 諸佛諸菩薩

나무 도솔천 내원계 자씨해회 제불제보살 (절)
南無 兜率天 內院界 慈氏海會 諸佛諸菩薩

나무 대위덕 금륜계 소재해회 제불제보살 (절)
南無 大威德 金輪界 消災海會 諸佛諸菩薩

나무 청량산 금색계 문수해회 제불제보살 (절)
南無 清凉山 金色界 文殊海會 諸佛諸菩薩

나무 아미산 은색계 보현해회 제불제보살 (절)
南無 峨嵋山 銀色界 普賢海會 諸佛諸菩薩

나무 금강산 중향계 법기해회 제불제보살 (절)
南無 金剛山 衆香界 法起海會 諸佛諸菩薩

나무 낙가산 칠보계 관음해회 제불제보살 (절)
南無 落迦山 七寶界 觀音海會 諸佛諸菩薩

나무 칠진산 팔보계 세지해회 제불제보살 (절)
南無 七珍山 八寶界 勢至海會 諸佛諸菩薩

나무 염마라 유명계 지장해회 제불제보살 (절)
南無 閻摩羅 幽冥界 地藏海會 諸佛諸菩薩

나무 진허공 변법계 진사해회 제불제보살 (절)
南無 盡虛空 邊法界 塵沙海會 諸佛諸菩薩

나무 서건사칠 당토이삼 오파분류 역대전등
南無 西乾四七 唐土二三 五派分流 歷代傳燈

제대조사 천하종사 일체미진수 제대선지식 (절)
諸大祖師 天下宗師 一切微塵數 諸大善知識

유원 무진삼보 대자대비 수아정례 명훈가
唯願 無盡三寶 大慈大悲 受我頂禮 冥薰加

피력 원공법계제중생 동입미타대원해 (절)
被力 願共法界諸衆生 同入彌陀大願海

부처님이 외로운 이 돕는 절에 계실 때다.

바사닉왕과 왕비 말리 부인은, 부처님을 믿고 법을 들은 지 아직 얼마 되지 않았고, 그 딸 승만은 벌써 그 전에 아유사국으로 시집가고 없었다. 그래서 왕과 말리 부인은 이렇게 말했다.

우리 딸 승만은 총명하고 민첩한 아이라, 모든 것을

잘 깨달으니, 만일 부처님을 뵙기만 하면 얼른 깨달을 것이다. 그러므로 편지를 보내어 그런 뜻을 알리는 것이 좋겠다, 하고 곧 부처님의 무량하신 공덕을 약간 적어, 내인에게 가지고 가게 하였다. 승만은 편지를 받고 희유한 생각을 내어, 부처님에게 나아가 찬탄하고 예배하니, 부처님은 곧 대중 중에 나타나 승만에게 수기를 주셨다.

"네가 여래의 진실한 공덕을 찬탄하니, 너는 이 선근으로 말미암아 무량한 겁에서 하늘과 사람 중에 자재한 왕이 되며, 어디든지 나는 곳마다 항상 나를 찬탄하기를 지금과 다름이 없이 할 것이다. 그리고 무량하신 부처님께 공경하며, 이만 아승지 겁을 지낸 후에 성불하면, 이름을 보광여래라 할 것이다."

승만은 이러한 수기를 받고, 공경히 일어서서 열 가지 서원을 맹세하였다.

―『승만경』에서

승만부인의 10대 서원

1. 부처님이시여, 제가 받은 계율에 대해 범할 생각을 내지 않겠습니다.

2. 부처님이시여, 어른들에게 교만한 마음을 내지 않겠습니다.

3. 부처님이시여, 중생들에게 성내는 마음을 내지 않겠습니다.

4. 부처님이시여, 남의 잘생긴 용모를 질투하거나 값진 패물에 대해서 부러워하는 마음을 내지 않겠습니다.

5. 부처님이시여, 제 몸이나 제 소유에 대해서 아끼려는 마음을 내지 않겠습니다.

6. 부처님이시여, 제 자신을 위해서는 재산을 모으지 않고 가난하고 외로운 중생들을 구제하기 위해서만 모으겠습니다.

7. 부처님이시여, 아낌없는 보시와 부드러운 말과 이로운 행과 처지를 같이하는 일 등으로 중생을 거두어 주고 항상 때 묻지 않고 싫어하지 않고 거리낌 없는 마음으

로 중생을 대하는 사섭법(四攝法)을 실천하겠습니다.

8. 부처님이시여, 외로워 의지할 데 없거나 구금을 당했거나 병을 앓거나 여러 가지 고난을 만난 중생들을 보게 되면 그들을 도와 편안하게 하고 고통에서 벗어나게 한 다음에야 떠나겠습니다.

9. 부처님이시여, 살아 있는 짐승을 붙잡거나 가두어 기르거나 계율을 범하는 것을 보게 되면 제 힘이 닿는 데까지 그들을 타이르고 설득하여 고칠 것은 고치게 하고 지킬 것은 지키게 하여 불교에 방해됨을 없애겠습니다.

10. 부처님이시여, 바른 법을 깊이 새겨 잊어버리지 않고 끝내 지키겠습니다.

승만부인의 3대 서원

이때에 승만 부인은 다시금 부처님 앞에서 세 가지 크나큰 원을 발하여 이렇게 말씀드렸다.

1. 이 진실한 서원(誓願)으로 헤아릴 수 없고 가이없는 중생들을 편안하고 온화하게 하려 하오니 이 선근(善根)으로써 일체의 생에 정법의 지혜가 얻어지기를 바랍니다. 이것을 제일대서원(第一大誓願)이라고 합니다.

2. 제가 정법(正法)의 지혜를 얻은 후에는 싫어함이 없는 마음으로 중생들을 위하여 연설하겠습니다. 이것을 제이대서원(第二大誓願)이라고 합니다.

3. 제가 바른 진리를 거두어 들이고는 몸과 목숨과 재산 등을 버려 정법을 보호하고 지키겠습니다. 이것이 제삼대서원(第三大誓願)입니다.

이때에 세존께서 승만 부인의 이 서원을 수기(授記)하셨다.

석가모니 부처님께 귀의하옵고
승만부인 서원을 다짐합니다. (절)
연등 부처님께 귀의하옵고
승만부인 서원을 다짐합니다. (절)

미륵부처님께 귀의하옵고

승만부인 서원을 다짐합니다. (절)

동방 약사여래부처님께 귀의하옵고

승만부인 서원을 다짐합니다. (절)

서방 아미타부처님께 귀의하옵고

승만부인 서원을 다짐합니다. (절)

남방 보승여래부처님께 귀의하옵고

승만부인 서원을 다짐합니다. (절)

북방 부동존여래부처님께 귀의하옵고

승만부인 서원을 다짐합니다. (절)

중방 비로자나부처님께 귀의하옵고

승만부인 서원을 다짐합니다. (절)

시방세계 온 허공에 가득하신 부처님께 귀의하옵고

승만부인 서원을 다짐합니다. (절)

시방세계 온 허공에 가득하신 교법에 귀의하옵고

승만부인 서원을 다짐합니다. (절)

대지 문수보살님께 귀의하옵고

승만부인 십대원을 다짐합니다. (절)

대행 보현보살님께 귀의하옵고
승만부인 십대원을 다짐합니다. (절)
대비 관세음보살님께 귀의하옵고
승만부인 십대원을 다짐합니다. (절)
대세지보살님께 귀의하옵고
승만부인 십대원을 다짐합니다. (절)
지장보살님께 귀의하옵고
승만부인 십대원을 다짐합니다. (절)
시방세계 온 허공에 가득하신 스님들께 귀의하옵고
승만부인 서원을 다짐합니다. (절)

여러 부처님께 예배올리고 다시 참회하옵니다. 참회하려면 먼저 삼보 앞에 예경해야 하나니, 그 까닭을 말하면 삼보는 모든 중생들의 선지식이며 복 밭이므로, 누구라도 귀의하면 한량없는 죄가 소멸되고 그지없는 복이 생겨서, 수행하는 이로 하여금 생사의 괴로움을 여의고 속박을 벗어나는 즐거움을 얻게 되니, 제자 ○○등이 시방세계 온 허공에 가득하신 부처님께 귀의하니

다. (절)

시방세계 온 허공에 가득하신 교법에 귀의합니다. (절)

시방세계 온 허공에 가득하신 스님들께 귀의합니다. (절)

저희가 오늘날 이렇게 참회하옴은 끝없는 옛적부터 범부가 되어 부귀하였을 때나 미천하였을 때에 지은 죄업이 한량없기 때문입니다. 혹은 몸과 말과 뜻으로 죄를 짓기도 하고, 혹은 마음속으로 잘못된 생각을 내고, 혹은 바깥 경계에 애착을 일으키기도 했으니, 이렇게 열 가지 나쁜 짓으로 8만 4천의 온갖 허물을 지었습니다.

지은 죄상이 한량없으나 크게 나누면 세 가지가 되니, 첫째는 번뇌요, 둘째는 업이요, 셋째는 과보입니다.

세 가지 일이 부처되는 길과 인간에나 천상에 태어나는 것을 장애하므로 경에서는 이것을 세 가지 업장(業障)이라 하였습니다.

그러므로 부처님과 보살들이 좋은 방법을 만들어 참회하여 소멸케 하였사오니, 이 세 가지 업장만 소멸하면 육근(六根)으로 지은 열 가지 나쁜 짓과 8만 4천 가지 허물이 모두 다 깨끗하여 집니다. 그러므로 제자들이 오늘날 지극한 마음으로 세 가지 업장을 참회하는데, 이 세 가지를 소멸하려면 어떠한 마음이라야 소멸할 수 있을 것인가.

먼저 일곱 가지 마음을 내어 좋은 방법을 삼아야 이 세 가지 업장이 소멸됩니다. 그 일곱 가지란, 첫째는 부끄러움이요, 둘째는 무서워함이요, 셋째는 싫어함이요, 넷째는 보리심을 냄이요, 다섯째는 원수와 친한 이를 평등하게 보는 것이요, 여섯째는 부처님 은혜를 갚음이요, 일곱째는 죄의 성품이 공한 줄 관찰하는 것입니다.

번뇌와 업과 과보를 참회하며 지켜야만 할 일곱 가지가 있습니다.

첫째, 부끄러움이란 것은 스스로 생각하기를 "나나 석가여래나 마찬가지 범부라" 하였건만 부처님은 성도하신지 벌써 한량없는 세월이 지나서 인데, 우리들은 여섯 가지 티끌에 물이 들고 생사에 헤매면서 영원히 벗어날 기약이 없으니, 이것은 참으로 부끄럽고 수치스럽고 한심한 일입니다.

둘째, 무서워함이란 것은 내가 범부이므로 몸과 말과 뜻으로 하는 짓이 매양 죄 되는 일만 하게 되므로 죽은 뒤에는 으레 지옥(地獄)·아귀(餓鬼)·축생(畜生)에 떨어져서 한량없는 고통을 받게 되리니, 이것은 참으로 놀랍고 두렵고 무서운 일입니다.

셋째, 싫어함이란 살펴 보건데 나고 죽는 가운데는 오직 무상(無常)과 괴로움과 공함과 나라고 할 것이 없음과 깨끗하지 못하고 헛된 것만 있어서 물위에 생긴 거품같이 일어났다 꺼지는 것이며, 굴러다니는 수레바퀴와 같이 오락가락 할 뿐이어서 생로병사 등 여덟 가지 고통이 엉켜서 고통이 쉴 새가 없습니다.

넷째, 보리심을 낸다는 것은 경에 말씀하시기를, "마땅히 부처 몸을 좋아할 것이니 부처 몸은 곧 법신이니라. 한량없는 공덕과 지혜로 생기는 것이니 여섯 가지 바라밀다로부터 생기며, 사랑, 어여삐 여김, 기쁘게 함, 버림으로부터 생기며, 37보리를 돕는 법으로부터 생기며, 이러한 여러 가지 공덕과 지혜로부터 부처님의 몸이 생기느니라."고 하였습니다.

이런 몸을 얻으려면 보리심을 내어서 일체종지(一切種智)와 항상하고 즐겁고 내 마음대로 하고 깨끗한 네 가지 덕과 부처님의 원만한 과보를 구할 것이며, 부처님의 세계를 깨끗하게 하여 중생을 성취케 하려면 몸과 목숨과 재물을 하나도 아끼지 말아야 할 것입니다.

다섯째, 원수와 친한 이가 평등하다는 것은 모든 중생에게 자비한 마음을 내어 나라든가 남이라 하는 생각이 없어야합니다. 왜냐하면 원수를 볼 적에 친한 이와 다르다고 생각하면 이것은 차별하는 것이니, 차별하는 마음과 집착하는 인연으로 번뇌가 생기고, 번뇌의 인연으로 나쁜 짓을 짓고 나쁜 짓으로 말미암아 괴로운 결과를 받게 됩니다.

여섯째, 부처님 은혜를 갚는다는 것은 부처님이 지나간 세상 수 없이 오랜 세월에 머리와 눈과 골수와 팔다리와 손발과 나라와 처자와 마소와 보배들을 버리고 우리를 위하여 괴로운 수행을 하셨으니, 이 은덕을 무엇으로 갚으랴. 그러므로 경에 말씀하기를 "비록 머리에 이거나 어깨에 메고 항하의 모래처럼 많은 겁을 지내어도 갚을 수 없다."고 하였습니다.

우리들이 이런 은혜를 갚으려면 마땅히 이 세상에서 용맹하게 정진하며 모든 고생을 무릅쓰고 몸과 목숨을 아끼지 말고 삼보를 받들어 세우며 대승불교를 퍼뜨리고 중생들을 널리 교화하려, 부처 되는 자리에 함께 이르도록 하여야 할 것입니다.

일곱째, 죄의 성품이 공한 줄을 관찰한다는 것은, 죄란 것은 제 성품이 없고 인연을 따라 생기며 뒤바뀌어서 있게 되는 것입니다. 이미 인연 따라서 생겼으므로, 역시 인연을 따라 소멸될 것이니 인연으로 생겼다는 것은 나쁜 친구들을 가까이 하여 까닭 없이 짓는 것이며, 인연으로 소멸된다는 것은 곧 오늘날 마음을 고쳐 참회하는 것입니다.

그러므로 경에 말씀하기를, "죄의 성품은 본래부터 공한 것이다." 했습니다.

이러한 일곱 가지 마음을 내고는 시방 세계의 부처님과 보살들을 생각하면서, 합장하고 공경하여 지은 죄를 지성으로 털어놓고 깨끗이 참회할 적에 쓸개까지 드러내고 창자까지 씻어 버려야 합니다.

이렇게 지성으로 참회한다면, 어떠한 죄인들 소멸되지 않겠으며 무슨 복인들 생기지 아니하리요 마는, 만일 그렇지 못해서 마음이 풀리고 생각이 조급하면, 설사 참회한다 하더라도 몸만 수고로울 뿐이니 무슨 이익이 있으랴.

그러므로 저희 불제자들이 오늘날 지극한 정성으로 참회하옵니다.

－『자비수참』중에서

참회진언

옴 살바 못자못지 사다야 사바하 (7독)

『육방예경』 참법

여래십호
如來十號

아무런 마음 없이 여여히 오시며〔如來〕

능히 중생을 위해 공양을 받으시고〔應供〕

위없는 진리를 바르게 아시며〔正徧知〕

그 지혜와 행을 갖추셨고〔明行足〕

또한 잘 이끌어 가시는〔善逝〕

석가모니 부처님께 절하옵니다. (절)

세간을 잘 분별하시며〔世間解〕

위없는 스승이 되시며〔無上士〕

중생을 잘 제어하시는 장부이시고〔調御丈夫〕

하늘과 인간의 스승이 되시며〔天人師〕

큰 깨달음을 이루신 가장 높고 귀한 부처님께〔佛, 世尊〕

믿고 의지하고 따르옵기를 원하오며 절하옵니다. (절)

불설시가라월육방예경
佛說尸迦羅越六方禮經
– 후한(後漢) 안식국(安息國) 삼장 안세고(安世高) 한역

부처님께서 왕사국(王舍國) 계산(鷄山)에 계실 적이었다. 그때에 어떤 장자의 아들 시가라월(尸迦羅越)이라는 이가 있었다. 하루는 일찍 일어나서 머리를 빗고 목욕한 뒤에 새 옷을 입고, 동쪽을 향하여 네 번 절하고, 남쪽을 향해서도 네 번 절하고, 서쪽을 향하여 네 번 절하며, 북쪽을 향해서도 절을 네 번 하고, 하늘을 쳐다보고 네 번 절을 하며, 땅을 보고도 네 번 절을 하고 있었다.

이때 마침 부처님께서 그 나라에 가서 걸식하시다가 멀리서 이 광경을 보시고 그 집에 가서 물으셨다.

"네가 무엇 때문에 6방을 향하여 절을 하느냐? 또 그렇게 하는 것은 무슨 법에 따라서 하느냐?"

시가라월은 여쭈었다.

"저의 아버지가 살아 계실 적에 저에게 '내가 죽거든 6방을 향하여 절하라'고 분부하였사온데, 무슨 법에 응함인지 저도 모르겠습니다. 다만 아버지가 돌아가셨기 때문에 감히 어기지 못하여 그렇게 하는 것이옵니다."

부처님께서는 이 말을 듣고 나서 또 말씀하셨다.

"너의 아버지가 너에게 '6방을 향해 절하라' 한 것은 몸으로 절하라는 뜻이 아니니라."

이 말씀을 들은 시가라월은 꿇어앉아 여쭈었다.

"부처님께서 저를 위하여 '6방을 향하여 절하라'는 뜻을 설해 주시옵기 바랍니다."

… 중략 …

"동방을 향하여 절하는 것은 말하자면 자식이 부모를 섬기는 것과 같으니, 마땅히 다섯 가지의 할 일이 있느니라.

첫째는 부모봉양을 위해 살림살이 할 생각을 하는 것이요,

둘째는 제 때에 식사를 하게 하고 자식의 의무를 다

할 것이요,

셋째는 부모에게 걱정을 끼쳐 드리지 않고 가문의 대를 확고히 할 것이요,

넷째는 언제나 부모의 큰 은혜를 잊지 않는 것이며,

다섯째는 부모가 병환이 나시면 곧 염려하여 의사를 불러다 치료해 드리며 부모를 위해 공덕을 지어주는 것 등이니라.

부모도 역시 자식을 돌보는 데 다섯 가지 할 일이 있느니라.

첫째는 언제나 나쁜 짓을 버리고 좋은 짓을 하도록 하는 것이요,

둘째는 학업을 가르쳐 닦게 하는 것이며 기술을 익히게 하는 것이며,

셋째는 경전과 계율을 지니게 하는 것이며,

넷째는 일찍 결혼시키는 것이요,

다섯째는 재산을 맡겨 주는 것 등이니라."

부모님께 자식의 도리를 다하지 못한 점이 있는지 자식

에게 부모의 할 일 못한 점이 있는지 자세히 살펴보며 지심 참회합니다. (절)

자식으로 효도를 다할 것을 맹세합니다. (절)

부모로서 도리를 다할 것을 맹세합니다. (절)

"남방을 향하여 절하는 것은 말하자면 제자가 스승을 섬기는 것과 같으니, 마땅히 할 일이 다섯 가지가 있느니라.

첫째는 공경하고 어렵게 여기는 것이요,

둘째는 은혜를 잊지 않는 것이며,

셋째는 가르침을 따르는 것이요,

넷째는 생각하기를 싫어하지 않는 것이며,

다섯째는 받들어 칭찬해 드리는 것이니라.

스승이 제자를 가르치는 데도 또 다섯 가지 할 일이 있으니,

첫째는 빨리 알아 깨닫게 해 주는 것이요,

둘째는 다른 이의 제자보다 우수하게 하는 것이며,

셋째는 기억하여 잊지 않도록 하는 것이요,

넷째는 온갖 의심과 문난(問難)을 다 풀어 주는 것이며,

다섯째는 지혜가 뛰어나게 하고 어디서나 안전하게 하는 것이니라."

스승님께 제자의 도리를 다하지 못 한 점이 있는지, 제자에게 스승의 도리를 다하지 못 한 점이 있는지 자세히 살펴보며 지심 참회합니다. (절)

제자로서 스승님을 잘 모시고자 맹세합니다. (절)

스승으로 제자에게 도리를 다할 것을 맹세합니다. (절)

"서방을 향해 절하는 것은 말하자면 아내가 남편을 섬기는 것과 같으니, 여기에 다섯 가지 할 일이 있느니라.

첫째는 맡은 일 처리 잘하고 남편이 밖에서 들어오거든 일어나서 맞이하는 것이요,

둘째는 주의사항을 잘 챙기고 밥을 지어 놓고 집안을 말끔히 치우고 기다리는 것이며,

셋째는 딴 남자에게 마음을 팔지 말고 남편이 꾸짖더라도 달려들지 말 것이며,

넷째는 언제나 남편의 가르침과 경계함을 받아서 여러 가지 물건을 잘 관리하고 재산을 감추지 말 것이요,

다섯째는 게으르지 말고 남편 뒤에 잠자리에 누울 것이니라.

남편이 아내를 상대하는 데에도 다섯 가지의 할 일이 있으니,

첫째는 존중하며 얕보지 않고 드나들 적에 늘 아내에게 인사하는 것이요,

둘째는 때를 맞추어 먹을 것과 입을 것을 대주는 것이며,

셋째는 금 은 주옥 따위로 몸을 장식케 하는 것이요,

넷째는 집안에 소용되는 것을 모두 맡기어 쓰게 하는 것이며,

다섯째는 밖에다 첩을 두어 딴 살림을 차리지 않는 것이니라."

아내와 남편의 도리 다하지 못한 점이 있는지 자세히 살펴보고 지심 참회합니다. (절)

부부로서 서로 존중하고 아끼며 사랑하며 부부의 도리

다 할 것을 맹세합니다. (절)

부부간 도리를 다하고 가족의 행복을 위하여 최선을 다할 것을 맹세합니다. (절)

"북방을 향하여 절하는 것은 말하자면 친척과 친구 사이를 뜻하는 것이니, 여기에도 다섯 가지의 지킬 일이 있느니라.

첫째는 죄악을 짓는 것을 보거든 남 안 보는 데서 조용히 타일러 다시는 그런 짓을 하지 못하게 하는 것이요,

둘째는 급한 일이 있으면 달려가서 도와주는 것이요,

셋째는 비밀을 남에게 누설하지 않는 것이며,

넷째는 서로 공경하고 어렵게 대하는 것이요,

다섯째는 갖고 있는 물건을 다소간 나누어 쓰는 것이니라.

또한 친구, 친척은

첫째 서로 약속을 지키고

둘째 술 취했을 때 보호하고,

셋째 재난 시에 함께하고

넷째 두려울 때 의지처가 되어주고

다섯째 서로 이익 되게 하라."

친구 간에 친척 간에 도리를 다하지 못한 점이 있는지 살펴보고 지심 참회합니다. (절)

친구 간에 도리를 다하고 함께 잘하기를 맹세합니다. (절)

친척 간에 도리를 다하기를 맹세합니다. (절)

"땅을 향해 절하는 것은 말하자면 고용주, 상전이 고용인이나 하인을 대하는 것과 같으니, 여기에도 다섯 가지의 지킬 일이 있느니라.

첫째는 때를 맞추어 음식과 의복과 급료를 주는 것이요,

둘째는 병이 나면 의사를 청하여 치료해 주는 것이며,

셋째는 함부로 매질하지 않고 힘에 맞게 일을 시키고 적당히 쉬게 하는 것이요,

넷째는 따로 지닌 재물을 빼앗지 않는 것이며,

다섯째는 나누어 줄 물건을 평등하게 분배하는 것이니라.

하인들이 상전을 섬기는 데도 또한 다섯 가지 할 일

이 있으니,

첫째는 늘 일찍 일어나서 일 준비 하는 것이요,

둘째는 제가 할 일은 마땅히 알아서 해치우는 것이며,

셋째는 상전의 물건을 아끼어 함부로 버리거나 남에게 내주지 말 것이요,

넷째는 상전이 출입할 적에 전송하고 마중 나가는 것이요,

다섯째는 상전의 훌륭함을 자랑하고 나쁜 점은 말하지 않는 것이니라."

하인이나 임직원으로 주인이나 고용주에게 도리와 의무를 다하지 못한 점이 있는지, 주인이나 고용주로서 노동자에게 도리와 의무를 다하지 못한 점이 있는지 자세히 살펴보며 지심참회합니다. (절)
노동자로서의 도리와 의무를 다할 것을 다짐합니다. (절)
고용주로서의 도리와 의무를 다할 것을 다짐합니다. (절)

"하늘을 향해 절하는 것은 말하자면 스님이나 수행

자를 섬기는 것과 같으니, 여기에 마땅히 다섯 가지의
할 일이 있느니라.

첫째는 착한 마음으로 대하고 음식과 일용품을 드리
는 것이요,

둘째는 좋은 말을 가리어 함께 말하는 것이요,

셋째는 몸으로 공경하여 절하는 것이며,

넷째는 존경하고 어려운 일이나 중요한 일에 상담과
지도를 받는 것이요,

다섯째는 사문과 스님은 사람 가운데 훌륭한 분이라 받
들어 섬기어 고통의 세상을 벗어나는 법을 물을 것이니라.

사문(沙門, 스님)과 도사(導師, 이끌어 주시는 스승)는 여
섯 가지로 일반에게 대하나니,

첫째는 보시와 공양을 가르쳐 아끼고 탐내지 않게 하
는 것이요,

둘째는 계율을 지니라고 가르쳐 범하지 않게 하는 것이며,

셋째는 욕됨을 참는 일을 가르쳐 분하고 성내지 않게
하는 것이요,

넷째는 정진을 가르쳐 게으르거나 거만하지 않게 하

는 것이며,

다섯째는 마음 통일하는 법을 가르쳐 방일하지 않게
하는 것이요,

여섯째는 지혜로움을 가르쳐 어리석지 않게 하는 것
등이니라.

사문이나 도사는 사람들을 깨우쳐 나쁜 짓을 버리고
좋은 짓을 하게 하며 바른 길을 보여 주니 은혜가 부모
보다 더 크니라.”

스님들께 신남신녀(信男信女) 도리를 다하지 못했는지
승려로서 불제자들에게 도리를 다하지 못했는지 자세
히 살펴보며 지심 참회합니다. (절)
신남신녀(信男信女)로서 스님을 믿고 공경하며 도리를
다할 것을 다짐합니다. (절)
승려로서 수행정진하며 신도들을 가르치고 지도하며
도리를 다할 것을 다짐합니다. (절)

“이렇게 실행하면 네 아버지가 살아 계실 적에 ‘육

방을 향해 절하라'고 한 뜻을 알게 되리니, 어찌 부자 되지 못할 것을 걱정하겠느냐?"

시가라월은 이러한 말씀을 듣고 곧 5계를 받고 절을 한 뒤에 물러갔다.

부처님께서는 게송을 읊으시었다.

부처님께서는 하늘보다 더 높을세라.
귀신은 이에 비하면 어림도 없지.
절과 탑에 머리 숙여 돌고 돌면서 합장하고
시방(十方)에 다 예배하여라.
계행의 저 공덕은 믿음직하여
복스런 과보가 따라다니네.
현세엔 사람들의 모범이 되고
죽어선 삼악도를 멀리 여의리.

계행은 온갖 공포 제거해 주며
복덕은 삼계에서 가장 높으니
악한 귀신의 요사스런 독해 따위는

계행을 닦는 이에 침범 못하리.
세상의 살림살이 고통뿐이며
목숨의 빠르기는 번갯불 같네.
늙어서 병이 들어 죽을 때 되면
재산과 권세로도 막지 못하리.
저마다 지은 업보 따라 다니며
끝없이 바퀴처럼 돌고 도나니
태어났다가 죽은 것이 죄업과 복 따라
죽고 사는 열두 가지 인연이라네.
사람 몸 얻어나기 어렵거늘
사람으로 태어나서 욕심만 내어
탐심과 음탕한 맘 생각에 얽혀
뼛속에 사무쳐도 싫은 줄 몰라.

나는 곳에 부지런히 정진하여서
육도(六度)로 건너가는 다리 삼으라.
마땅히 끝이 없는 지혜 권하여
온갖 것에 신비스런 광명 비추어라.

사가라월을 가르치신 부처님 말씀은
동방은 부모와 자식 남방은 스승과 제자
서방은 남편과 아내 북방은 친구와 친척
하방은 주인과 하인 상방은 스님과 신도

육방의 관계마다 도리를 바로 알고
육방에 절 올리며 의무실천 다한다면
누구나 인격자 되어 서로 존중 화목하고
언제나 편안하고 평화롭게 살게 된다.

육방의 예와 의무 다하기를 서원하며 부처님과 십대
제자 모든 스님께 귀의합니다.

영산 당시 부처님께 부촉 받은 두타제일 가섭 존자님께
절하옵니다. (절)
다문제일 아난 존자님께 절하옵니다. (절)
지혜제일 사리불 존자님께 절하옵니다. (절)
해공제일 수보리 존자님께 절하옵니다. (절)

설법제일 부루나 존자님께 절하옵니다. (절)
신통제일 목건련 존자님께 절하옵니다. (절)
논의제일 가전연 존자님께 절하옵니다. (절)
천안제일 아나율 존자님께 절하옵니다. (절)
밀행제일 라훌라 존자님께 절하옵니다. (절)
지계제일 우바리 존자님께 절하옵니다. (절)
여시내지 십육성 오백성 독수성 내지 천이백 제대아라
한 무량자비 성중님께 절하옵니다. (절)

광명진언

옴 아모카 바이로차나 마하무드라 마니 파드마 즈바라
프라바르타야 훔 (7독)

『승만경』의 원력과 『육방예경』의 서원을 따르며, 인
연관계마다 도리와 의무를 알고 행하고자 다짐했습니
다. 이렇게 하여 불자로서 모범이 되고 사회에서 인격
자가 되고 국민의 할 일을 충실히 하는 사람이 되겠습
니다.

언제나 어디서나 만나는 사람마다 상기의 서원으로 대하여, 서로 미소 짓고 밝고 화목하게 되고 모두 안락하고 평화롭게 살아가게 되기를 온 정성 다하여 발원합니다. (3배)

육바라밀

나누고 봉사하는 보시바라밀로 인색함을 버리고, 불자 오계와 생활수칙 지키는 지계바라밀로 번뇌고통 예방하고, 인욕바라밀로 힘겨움도 노여움도 참아내며 겸손하고, 정진바라밀로 쉼 없이 꾸준하게 신행하고, 선정바라밀로 지금 여기에 한마음을 집중하여 통찰하고, 지혜바라밀로 자유롭고 평화롭고 고해 해탈 행복경지 되기를 발원합니다.

육념

염불 염법 염승

염계 염시 염천

불법승을 믿고 알아 따르기를 염원하고,

불자 오계와 국법과 생활수칙을 지키고,
불교를 알려주고 인도하는 법보시와
재화 물건 나눠주는 재보시와
노력과 재능으로 어려움 두려움 없애주는
무외보시 행하기를 염원하고,
서로 존중 배려하여 자유롭고 평안하고
평화로운 세상 이루기를 염원하고,
내생에는 왕생극락하기를 염원합니다.

참회발원기도 회향

참회발원기도를 회향하오며,

다생과 금생에 지은 모든 죄업 참회합니다.

이 기도공덕 수승하여 자신과 중생이 모두

어두운 마음과 어리석음에서 벗어나

밝고 지혜롭게 되고,

번뇌·고통·원망·다툼 등의 고통에서 벗어나

행복하고 평화롭게 되며,

너나 함께 깨달음 향해 정진하기를 지심 발원합니다.

나무 석가모니불

나무 석가모니불

나무 시아본사 석가모니불 (반배)

부록

아미타불 48대원

오랜 세월 전에, 법장 비구스님께서 48대원을 세우시고,
수많은 생애의 원을 모두 성취하여 아미타부처님이 되셨다.

아미타불 인행시에 법장비구 몸으로서
극락세계 설계하고 아름답게 꾸미시어
세자재왕 부처님 전 원력으로 세우시니
이를 일러 미타인행 사십팔원이라 하네.

삼악도란 이름조차 없어지기 서원하고
그 악도에 떨어지는 사람 없기 서원하고
모두 같이 금색의 몸 빛이 나기 서원하고
한결같은 모습으로 차별 없기 서원하고

숙명통의 신통묘용 성취하기 서원하고
천안통의 신통묘용 얻어지기 서원하고
천이통의 신통묘용 얻어지기 서원하고
타심통의 신통묘용 훤히 알기 서원하고

신족통의 신통묘용 뛰어넘기 서원하고
나란 생각 다 여의고 청정하기 서원하고
바른 깨침 확연하게 결정되기 서원하고
한량없는 광명으로 비추옵기 서원하고

한량없는 수명으로 오래 살기 서원하고
아라한도 얻는 이가 수도 없기 서원하고
중생마다 오랫 도록 장수하기 서원하고
모두 같이 착한 이름 얻어지기 서원하고

일체 모든 부처님께 칭찬 듣기 서원하고
아미타불 십념으로 왕생하기 서원하고
임종시에 아미타불 친견하기 서원하고
회향으로 일체 모두 왕생하기 서원하고

삼십이상 묘한 상이 갖춰지기 서원하고
모두 같이 보처지위 올라가기 서원하고
새벽마다 부처님께 공양하기 서원하고
모든 것이 우뚝서서 만족하기 서원하고
부처님의 근본지에 들어가기 서원하고

나라연의 견고한 힘 모두 얻기 서원하고
장엄함이 무량하여 한량없이 서원하고
보배나무 바라보듯 모두 알기 서원하고

수승하온 말재주를 바로 얻기 서원하고
말재주의 쓰임새가 한량없기 서원하고
청정국토 널리 모두 비추옵기 서원하고
수승하온 음성들이 한량없기 서원하고

광명 받아 안락함을 모두 얻기 서원하고
무생법인 모두 같이 성취하기 서원하고
불편한 몸 여의어서 장애 얻기 서원하고
아미타불 이름 듣고 불과 얻기 서원하고
천인들을 공경하여 예배하기 서원하고
생각대로 옷이 되어 입혀지기 서원하고
제 스스로 그 마음이 조촐하기 서원하고
보배나무 관하여서 정토 보기 서원하고

결함없이 모든 육근 구족되기 서원하고
모두 같이 청정하게 해탈되기 서원하고

훌륭하고 귀한 몸을 모두 받기 서원하고
좋은 마음 모두 같이 지니옵기 서원하고

모든 부처 받들음이 견고하기 서원하고
듣고 싶은 법문들을 모두 듣기 서원하고
깨달음의 자리에서 안 밀리기 서원하고
생사 없는 무생법인 모두 얻기 서원하네.

경전 사구게 모음

[금강경]

❶

범소유상(凡所有相) 모양으로 보이는 것 모두모두

개시허망(皆是虛妄) 서로서로 의존하여 어울려 있고

약견제상비상(若見諸相非相) 끊임없이 변화함을 볼 수 있다면

즉견여래(卽見如來) 그 즉시에 부처님을 보게 되리라

❷

약이색견아(若以色見我) 눈에 띄는 모습으로 나를 보거나

이음성구아(以音聲求我) 들려오는 음성으로 나를 찾으면

시인행사도(是人行邪道) 이 사람은 사견외도 닦는 자로서

불능견여래(不能見如來) 영원토록 부처님을 보지 못하리

❸

일체유위법(一切有爲法) 함이 있고 제약 있는 모든 법들은

여몽환포영(如夢幻泡影) 헛꿈이요 신기루요 물거품이요

여로역여전(如露亦如電) 그림자요 이슬이요 번개 같다고

응작여시관(應作如是觀) 언제든지 이와 같이 생각하여라

[화엄경]

약인욕료지(若人欲了知) 과거 현재 미래세의 부처님세계

삼세일체불(三世一切佛) 만일 누가 그 모두를 알고자 하면

응관법계성(應觀法界性) 현상계와 자성계를 분명히 보라

일체유심조(一切唯心造) 그 모두가 마음에서 생겨났음을

[법화경]

제법종본래(諸法從本來) 이 세상의 모든 법은 본래로부터

상자적멸상(常自寂滅相) 그 언제나 제 스스로 고요한 모습

불자행도이(佛子行道已) 불자로서 이를 알아 실천해 가면

내생득작불(來世得作佛) 오는 세상 언젠가는 부처 이루리

[열반경]

제행무상(諸行無常) 움직이는 모든 것은 영원치 않아

시생멸법(是生滅法) 생겨나고 소멸하는 그런 법이네

생멸멸이(生滅滅已) 생겨나고 소멸함이 모두 다하면

적멸위락(寂滅爲樂) 언제든지 고요하며 즐거우리라

[아함경]

제법종연생(諸法從緣生) 모든 법은 인연 따라 생겨 나오고

제법종연멸(諸法從緣滅) 모든 법은 인연 따라 소멸하도다

아불대사문(我佛大沙門) 위대하신 사문이신 우리 부처님

상작여시설(常作如是說) 언제든지 이와 같이 말씀하시네

[승만경]

여래묘색신(如來妙色身) 여래께서 지니신 몸 묘색신이라

세간무여등(世間無輿等) 세간에선 견줄 바가 전혀 없으며

무비불사의(無比不思義) 견줄 바가 없으므로 불사의일세

시고금경례(是故今敬禮) 그러므로 제가 이제 경례합니다

원각십이장송
圓覺十二章頌

문수달천진(文殊達天眞) 문수보살 천진세계 통달하였고
보현명연기(普賢明緣起) 보현보살 연기세계 밝히었으며
보안문관행(普眼問觀行) 보안보살 관과 행을 문의하였고
강장제삼혹(剛藏除三惑) 금강장은 삼종 미혹 제거하였네.

미륵단윤회(彌勒斷輪廻) 미륵보살 윤회근본 단절하였고
청정분증위(淸淨分證位) 청정혜는 분증자리 확보했으며
위덕명삼관(威德明三觀) 위덕자재 삼관법을 분명히 하고
변음수단복(辨音修單複) 변음보살 단복으로 닦으라 했네.

정업제사상(淨業除四相) 정제업장 네 가지 상 없애버리고
보각리사병(普覺離四病) 보각보살 네 가지 병 여의었으며
원각장가행(圓覺場加行) 원각보살 도량 가행 설정하였고
현수청유통(賢首請流通) 현선수는 유통하길 권청하였네.

백시랑 육찬게
白侍郎 六讚偈

---

❶ 찬불(讚佛)

동서남북 사유상하 그 모든 세계

하늘 위와 하늘 아래 누리 가운데

존재하는 모든 것을 찾아보지만

부처님과 같으신 분 다시 없어라.

당당하고 높을세라 우리 부처님

하늘 인간 스승일세 최고 어르신

그러기에 나는 이제 예를 갖추어

찬탄하고 돌아가서 의지한다네.

❷ 찬법(讚法)

과거 현재 미래세의 삼세간 속에

일천만억 한량없는 부처님 세계

그 모두는 법을 인해 이루어지고

법은 또한 경을 좇아 출생하여라.

이게 바로 크나크신 법륜이시고

이게 바로 크나크신 보배창고라.

그러므로 나는 이제 두 손 모으고

지심으로 부처님 법 회향한다네.

❸ 찬승(讚僧)

연각이여 성문이여 선지식이여

바야흐로 이름하여 대사문이라.

온갖 번뇌 다하시고 과를 채우사

무리 중에 어른이신 크신 스승님

언제든지 화합하는 힘을 의지해

다시없는 무상도를 구하시나니

그러므로 나는 이제 머리 조아려

거룩하신 스님들께 귀의한다네.

❹ 찬중생(讚衆生)

부정취의 둔근중생 모두 범부와

타오르는 불집 속의 중생들이여

태란습화 포함하여 구류중생과

이 세상에 살아가는 일체 유정들
선의 뿌리 선의 씨앗 잘만 뿌리면
언젠가는 그들 모두 불과 이루리.
내가 이제 그대들을 중히 여기듯
스스로를 가벼웁게 여기지 말라.

❺ 참회(懺悔)

비롯함이 없는 겁을 내려오면서
지금까지 지어온 바 모든 죄업들
가볍거나 무겁거나 보통이거나
크든 작든 보통이든 상관이 없이
내가 이제 그 모습을 찾았거니와
중간에도 안팎에도 그 어디에도
마침내는 얻을 수가 전혀 없나니
바야흐로 이름하여 참회로세.

❻ 발원(發願)

온갖 번뇌 제거하기 발원하옵고
열반 언덕 머무르기 발원하옵고
보살십지 오르기를 발원하옵고

태란습화 사생제도 발원하옵고
부처님의 출세시에 함께 태어나
가까이서 친견하기 발원하옵고
가장 먼저 권청하기 발원하옵고
법륜 굴림 청하기를 발원하옵고
부처님의 멸도시에 같은 자리서
가까이서 만나 뵙기 발원하옵고
최후 공양 올리옵기 발원하옵고
보리기를 친히 받기 발원하나이다.

무량수경 문답
-왕생 정토에 관한 문답(『예념미타참법』에서)

[[문]] 시방이 다 정토이거늘 어찌 유독 서방만을 가리키는가?

[[답]] 뛰어난 교주가 강력한 원을 내시므로 모든 경이 함께 찬탄하고 받든다.

[[주註]] 『십의론(十疑論)』 제4권에서 말하였다. 묻기를, "염불하여 한 불정토(佛淨土)에 나기를 구하는 것은 마찬가지인데 어찌하여 시방불토(十方佛土) 중 한 부처를 염하지 않고 오로지 서방의 아미타불만을 염하는가?"라고 하면,

대답하기를 "범부는 무지(無智)하여 감히 자기 마음대로 하지 못하고 오로지 부처님 말씀만을 따른다. 그러므로 오직 아미타불만을 염하는 것이다.

무엇을 부처님 말씀대로 한다고 하는가 하면, 석가모니 큰 스승님께서 한평생 동안 행하신 성스러운 가르침에는 곳곳마다 중생에게 오직 전심(專心)으로 아미타불만을 염하여 서방극락세계에 나기를 구하라."고 권하고 있다.

『무량수경(無量壽經)』과 『관무량수경(觀無量壽經)』등의 일흔여섯 가지 인연에서는 은근히 서방극락세계에 나기를 구할 것을 가르치고 있다고 한다.

또한 『원왕생경(願往生經)』에서 말하는 것을 살펴보면 "보광보살(普廣菩薩)이 부처님께, '시방이 다 정토인데 세존께서는 어찌하여 오로지 서방의 미타정토만을 찬양하시어 왕생토록 하십니까'라고 묻자, 부처님께서 보광보살에게 말씀하시기를 '염부(閻浮)중생은 마음이 매우 혼탁하고 어지럽기 때문에 서방일불정토만을 오로지 찬양하여 모든 중생이 한 곳에 전심하여 쉽게 왕생할 수 있게 하기 위해서이니라'라고 하셨다."라고 하고 있다.

만약 모든 부처님을 염한다면 염불의 경계가 넓어 마음이 산만하여 삼매(三昧)를 이루기 어렵고, 때문에 왕생을 얻지 못한다.

또 부처님의 법성은 다르지 않기 때문에 한 부처님의 공덕을 얻음과 모든 부처님의 공덕을 얻음은 다르지 않다. 이 때문에 아미타불(阿彌陀佛)을 염하는 것은 곧 일체불을 염하는 것이고, 한 정토에 나는 것은 곧 모든 정토에 나는 것이다. 그러므로 『화엄경(華嚴經)』에서는 "모든 제불신(諸佛身)은 곧 하나의 불신이며, 일심(一心)·일지혜(一智慧)·력(力)·무외(無畏)도 역시 그러하다."고 하였고, 또 이르기를, "비유하면 맑은 보름달이 모든 물에 비치면 비치는 그림자는 비록 한량없으나 본래의 달은 둘이 아닌 것과 같다."고 하였다.

이와 같은 무애지(無礙智)로 등정각(等正覺)을 이루어 모든 것을 나타내 보이나 부처 몸[佛身]은 둘이 아니다.

십념왕생원(十念往生願)에 대한 문답

〖문〗 지난 세월의 업은 무겁고 열 번 염불한 공덕은 가볍지 않은가?

〖답〗 천 년의 많은 나무도 한 번의 불로 재로 변한다.

〖주〗 『십의론(十疑論)』 제8권에서 말하였다. 묻기를, "중생이 무시이래로 무량한 업을 지어 지금 한 모습으로 나서 선지식을 만나지 못하면 또 다시 온갖 죄를 지어 못 지을 악이 없을 터인데, 어떻게 임종할 때 열 번 염하면 곧 왕생하여 삼계를 벗어난다고 할 수 있으며, 지은 업은 어떻게 벗어날 수 있는가?"라고 하면,

답하기를, "중생이 무시이래로 선악업종(善惡業種)의 많고 적음과 강하고 약함을 아울러 알지 못하고, 단지 임종시에 선지식을 만나 10념(念)을 성취한 사람은, 모두 지난 세월의 선업이 강하여 비로소 선지식을 만나 십념을 성취하는 것이다.

만약 악업이 많은 사람은 선지식을 만나지도 못할 터인데 어떻게 십념성취를 논할 수 있겠는가. 또 그대가 무시이래의 악업이 무겁고

십념은 가볍다고 하는 것은 이제 이치로써 세 가지로 비교해 보면, 가볍고 무거움이 일정치 않아 시절이 오래고 가깝고 많고 적고에 있지 않다.

무엇을 세 가지라고 하는가 하면, 첫째는 재심(在心)이요, 둘째는 재연(在緣)이고, 셋째는 재결정(在決定)이다. 재심이란, 죄를 지을 때는 스스로 허망전도(虛妄顚倒)를 따르고 염불할 때는 선지식을 따라 아미타불의 진실한 공덕과 명호를 듣고 텅 비었다가 갑자기 가득 차는 것이니, 어찌 서로 비교할 수 있겠는가.

비유하면 만년 동안 어두웠던 방에 햇빛이 잠깐 비치면 어둠이 문득 사라지는 것과 같으니, 어찌 오래된 어둠이라 해서 멸할 수 없겠는가. 재연(在緣)이란, 죄를 지을 때는 허망하게 어리석음을 따라 마음이 허망한 경계에 묶여 전도되고, 염불할 마음이 날 때는 부처님의 청정하고 진실한 공덕과 명호를 따라 무상보리에 연(緣)하여 마음이 진실되기도 하고 거짓되기도 한 것이니, 어찌 서로 비교할 수 있겠는가.

비유하면 독화살을 맞은 사람이 화살이 깊이 박혀 독이 퍼져서 피부가 상하고 뼈가 부서지는데 한 번 제거하여 멸[滅除]하는 약(藥)의 북소리를 들으면 곧 화살이 빠지고 독이 제거되는 것과 같으니, 어찌 살이 깊이 박혀 독이 퍼졌다 하여 뽑히지 않겠는가.

재결정(在決定)이란, 죄를 지을 때에는 간심(間心)과 후심(後心)이 있고, 염불할 때에는 간심과 후심이 없어 드디어 명이 다할 때 선한 마음이 맹렬하고 날카로워 그 때문에 곧 왕생하는 것이니, 비유하면 열 겁의 밧줄을 천 명의 남자가 끊지 못하지만 동자(童子)가 칼 한번 휘두르면 순간에 두 조각이 되는 것과 같다.

또 천년 쌓은 섶이 불이 나면 잠깐 동안에 타서 없어지는 것과 같고, 또 평생 10선업(善業)을 닦아 마땅히 하늘나라에 태어나야 할 사람이 임종할 때 삿된 견해를 한 번 일으켜 곧 아비지옥에 떨어지는 것과 같다.

악업은 허망하게 맹렬하고 날카로운 까닭에 오히려 일생 동안의 선업을 밀어내어 악도에 떨어뜨릴 수 있으니, 하물며 임종시에 맹렬한 마음으로 염불하여 진실로 간격이 없으면 어찌 선업이 무시이래의 악업을 밀어내어 정토에 날 수 있게 하는 일이 없겠는가.

또 한번 염불하면 팔십억 겁의 생사의 죄를 멸한다고 하는 것은 염불할 때 마음이 맹렬하고 날카로우므로 악업을 굴복시켜 멸하여 반드시 왕생하게 하기 때문이니, 모름지기 의심하지 말라. 옛부터 서로 전하기를 십념이 다른 때〔別時〕에 성취된다고 하는 것은 반드시 옳지 않다."고 하였다.

또 『나선경(那先經)』에서 말하였다. 국왕이 나선사문에게 말하여 묻기를 "사람이 세간에서 백 살까지 악을 짓고도 임종시에 염불하여 죽은 후에 불국토에 나게 된다는 것을 나는 믿지 못하겠다."고 하자, 나선이 대답하기를 "백 개의 큰 돌을 배 안에 실으면 배로 인하여 빠지지 않는 것과 같아 비록 본악(本惡)이 있다 하더라도 한 번〔一時〕의 염불로 지옥 중에 빠지지 않습니다. 그 작은 돌이 빠지는 것은 배에 싣지 않았기 때문이니 마치 사람이 악을 짓되 염불할 줄을 모르고 문득 지옥에 들어가는 것과 같으니, 또 무슨 의심이 있겠습니까."라고 하였다.

〖문〗 세속에 얽매인 범부들이 어떻게 저 연지(蓮池)에 날 수 있는가?

〖답〗 제 힘으로는 다겁이요, 부처님 위력으로는 경각이다.

〖주〗 『십의론(十疑論)』 제5권에서 말하였다. "세속에 얽매인 범부가 '악업이 두텁고 무거워 모든 번뇌가 조금도 끊어지지 않았는데 서방 정토는 삼계를 벗어나 있으니, 세속에 얽매인 범부가 어떻게 그곳에 날 수 있다'고 하는가?"라고 물으니,

대답하기를 "두 가지 연(緣)이 있는데, 첫째는 자력(自力)이요, 둘째는 타력(他力)이다. 『십주파사론(十住婆沙論)』에서 말하기를, '이 세상에 도를 닦는 두 가지 종류가 있으니, 첫째는 난행도(難行道)이고 둘째는 이행도(易行進)이다'라고 하였다.

난행도란, 5탁악세(濁惡世)에 있으면서 한량없는 부처님 때〔無量佛時〕의 아비발치(阿鞞跋致)를 구하여 얻기가 매우 어려운 것으로, 그 어려움은 아무리 말하여도 다함이 없으나, 그 다섯 가지를 대략 서술하

면, 첫째는 외도(外道)가 선(善)과 비슷하여 보살법을 어지럽히는 것이고, 둘째는 무뢰악인(無賴惡人)이 저 뛰어난 덕을 무너뜨리는 것이고, 셋째는 선한 과위[善果]를 전도(顚倒)하고 능히 맑은 행[梵行]을 허무는 것이고, 넷째는 성문(聲聞)이 자신만을 이익되게 하여 대자(大慈)에 장애가 되는 것이고. 다섯째는 오직 자력만 있고 타력이 없는 것으로, 마치 절름발이가 종일 걸어도 몇 리 가지도 못하고 고생만 심하게 하는 것과 같다. 이와 같은 것을 자력이라고 한다.

이행도(易行道)란, 부처님의 가르치심을 믿고 염불삼매(念佛三昧)를 닦아 정토에 나기를 원하여, 아미타부처님의 원력으로 마침내 반드시 극락정토에 나게 되는 것으로, 마치 사람이 물을 건널 때, 배의 힘에 의지해서 잠깐 사이에 천만 리를 가는 것과 같다. 이와 같은 것을 타력이라고 한다.

만약 속세에 얽매인 범부가 왕생하지 못한다고 말하는 것은 절름발이가 멀리 가지 못하는 것과 그 의미가 같다. 논(論)에서 또 말하기를 '열등한 사람이 윤왕(輪王)을 좇아 하루에 4천하(天下)를 주행(周行)하니, 이것은 자기의 힘이 아니라 윤왕의 힘이라'고 하였다."고 하였다.

이제 자기 마음의 믿음을 들어 석가모니 부처님의 가르침의 배에 올라 방편의 가벼운 돛을 펴고 정진의 바른 키를 잡고 여러 성인들이 인도하여 맞이하는 길을 따라, 아미타부처님의 원력(願力)의 바람을 타고 염불삼매의 법에 떠 가면, 극락정토의 피안에 흘러 도달한다.

〖문〗 미륵의 용화회(龍華會)에서 시기를 만나면 역시 벗어날 수 있지 않겠는가?

〖답〗 오십육만 년 후에 하생하리니 너무 늦으리라.

〖주〗 『염불경(念佛鏡)』에서 묻기를 "당래 미륵보살께서 하생하실 때 세 번에 걸쳐 설법하시어, 모든 중생을 제도하고 아라한과(阿羅漢果)를 얻게 하신다고 하셨는데 어찌하여 그곳에 나기를 원치 않고 미타정토에 나기를 구하라고 하는가?"라고 하였다.

대답하기를 "미륵불께서 아직 하생(下生)하시지 않으셨는데 어찌 알 수 있겠는가. 『상생경(上生經)』에서 설한 바에 의하면 '석가모니께서 열반하신 후 오십육억 칠천만 년이 지나서야 비로소 하생하신다' 하였고, 또 『하생경(下生經)』에서는 '해수(海水)가 모두 삼천 유순(由旬)에 이르러야 미륵부처님께서 마침내 출현하신다'고 하였으며, 『법왕본기(法王本記)』에 의거하면 석가모니께서 열반하신 후 비로소 이천여 년이 되었으니, 미륵부처님의 하생은 헤아리기 어렵고 기다릴 수 없다.

중생은 수명이 짧은데 고통의 바다〔苦海〕에 빠져 많은 겁동안 재앙을 받으면서 미륵부처님을 만나지 못할까 두렵다. 지금 아미타부처님께서는 현재 극락세계에 계시면서 설법하시어 중생을 널리 제도하시니, 서방에 귀의하여 일찍 도의 과위〔道果〕를 증득하여라."고 하였다.

〖 문 〗 고통이 싫어 극락에 나려 한다면 어찌 이것이 자비인가?

〖 답 〗 다른 사람의 병을 고치려면 먼저 자신이 의사가 되어야 한다.

〖 주 〗 『십의론(十疑論)』 제1권에서 말하였다. 묻기를 "모든 부처님과 보살들께서 대비심으로 업을 삼으시는데, 만약 중생을 구하려 하신다면, 다만 삼계에 태어나시어 오탁삼도(五濁三塗) 중에서 고통받는 중생을 구하실 것이지, 어찌하여 정토에 나서 스스로 그 몸을 편안히 하려 하시고 중생을 버리시는가. 이는 대비심이 없이 오로지 자기 이익만을 위한 것이어서 보리도(菩提道)에 장애가 되지 않는가?"라고 하니,

천태지자(天台智者)가 답하기를, "보살에는 두 종류가 있는데, 첫째는 오랫동안 보살도를 수행하여 무생인(無生忍)을 얻은 보살이니, 실로 지금 힐문한데 해당된다. 둘째는 아직 무생인을 얻기 전에 다시 돌아와 초발심의 범부가 된다. 범부보살은 항상 부처님을 떠나지 않고 인욕의 힘[忍力]을 성취하여, 바야흐로 삼계에 있으면서 악한 세계[惡世]에서 고통받는 중생을 구제한다.

그러므로 『지도론(智度論)』에서는, '세간에 얽매인 범부가 대비심을 가지고 악세에 나기를 원하여 고통받는 중생을 구하는, 그러한 일은 없다'고 한다.

왜냐 하면, 악한 세상에는 번뇌가 강하여 스스로 인내력이 없으므로, 마음이 경계를 따라 움직이고 성색(聲色)에 얽매어 스스로 삼도(塗)에 떨어지거늘 어찌 중생을 구제할 수 있겠는가. 가령 사람으로 태

어나 국왕이나 대신이 되어 부귀가 자재하고 또 설령 선지식을 만난다 하더라도, 믿지 않고 탐욕스럽고 미혹하고 방일하여 많은 죄를 지으면 3도(塗)에 떨어진다. 한 번 삼도에 떨어지면 무량겁을 지나 지옥에서 나와도 가난하고 천한 몸을 받는데, 만약 선지식을 만나지 못하면 다시 지옥에 떨어지니, 이와 같이 윤회하여 오늘에 이른 것이다.

그러므로 『유마경(維摩經)』에서는 말하기를, '자신의 병도 치료하지 못하면서 어떻게 다른 환자를 치료할 수 있느냐'고 하였고, 또 『지도론(智度論)』에서는, 비유하면 두 사람이 있어, 각각 친척이 물에 빠졌을 때 한 사람은 정에 급급하여 바로 물에 들어가 구하려 하지만 방편이 없어 둘 다 죽게 되고, 또 한 사람은 방편이 있어 가서 배나 뗏목을 가지고 와서, 그것을 타고 가까이 가서 구하니 둘 다 빠져 죽는 것을 면하게 되는 것과 같다 하였다.

신발의보살(新發意菩薩)도 역시 이와 같아서 인욕의 힘(忍力)을 얻지 못하면 중생을 구할 수 없다. 그러므로 항상 모름지기 부처님을 가까이 하여 무생인(無生忍)을 얻고 나서야 비로소 중생을 구할 수 있는 것이 마치 배를 얻는 것과 같다."고 하였다.

〚문〛 임종시 부처님께서 나타나실 때 삿된 것인지 바른 것인지 어떻게 알겠는가?

〚답〛 하늘의 악마(天魔)는 감히 나타날 수 없으므로, 이는 부처님이

시다. 그러니 다시 의심 말라.

〖주〗 『백련집(白蓮集)』에서 말하였다. 묻기를 "좋은 경계가 나타날 때 그것이 일정하지 않아 더러는 삿되고 더러는 올바른 것이니, 임종 시 나타날 때 어떻게 판별하는가? 이것을 진실로 알 수 없다면 어떻게 버리고 취하겠느가?"라고 하면,

답하기를 "염불해서 왕생하는 사람은 모든 부처님의 호념(護念)을 받으므로 악마〔魔〕가 감히 나타나지 못하나니, 나타난 것은 바로 부처님의 경계이다. 그러므로 모든 부처님의 공덕을 칭송하고 드날리는 것이다. 경에서 이르기를 '만약 무량수여래(無量壽如來)의 명호를 듣고 일심으로 즐겨 믿어, 지녀 외우고 송념하면 그 사람은 당연히 한량없는 복을 얻고 영원히 삼도(塗)의 액난을 멀리 여읜다' 하였다. 목숨이 다하려 할 때, 일심으로 즐겨 믿고 염하여 잊거나 버리지 않으면, 아미타부처님께서 여러 비구를 데리고 그 사람 앞에 오시니, 악마〔魔〕가 끝내 이러한 정각(正覺)의 마음을 무너뜨리지 못한다.

왜냐 하면, 불세존께서 대비심을 내시어 한량없는 모든 중생을 다 제도하시겠다고 서원하셨고, 또다시 시방 세계 모든 중생을 호지(護持)하시기 때문이다."라고 하였다.

〖문〗 수많은 사람이 화생하려 하니 미타부처님께서 어찌 두루 아시리요?

〖답〗 하늘에 뜬 달이 모든 곳을 비추는 것과 같다.

〖주〗 『용서문(龍舒文)』에서 말하였다. 묻기를 "수행 정진하는 사람은 목숨이 다하려 할 때 부처님께서 보살과 함께 오셔서 영접하신다고 하는데, 시방 세계에 수많은 중생이 정진하고 있다면, 어떻게 모두 그 때를 아시고 가셔서 영접하실 수 있는가?"라고 하니,

답하기를 "부처님 몸은 달그림자가 여러 물에 비치는 것과 같다. 물이 맑으면 나타나는 것이므로 전과 후, 가고 옴이 없다. 그러므로 옛 사람이 말하기를 '큰 서원을 가지신 성인(聖人)께서 정토에서 오시지만, 오시되 실은 옴이 없고, 마음이 깊은 범부가 정토에 태어나서 가지만 가되 실은 감이 없어 저 성인이 이곳에 오시지 않으시고 이 범부가 저곳에 가지 않아 범부와 성인〔凡聖〕이 서로 만나 교제(交際)한다'고 하였다.

아미타부처님의 광명은 커다란 보름달과 같아 시방에 두루 나타난다. 물이 맑고 고요하면 달 전체가 나타나는데 이는 달이 물을 쫓아 바삐 오는 것이 아니고, 물이 탁하고 요동치면 달은 온전히 비칠 수가 없는데 이는 달이 물을 버리고 바삐 가는 것은 아니다. 물에 맑고 탁함과 움직임과 고요함이 있을 뿐, 달에는 취하고 버리고 가고 옴이 없다."고 하였다.

〖문〗 만억 불토 떨어진 먼 서방 길을 어떻게 돌아가리.

〖답〗 꿈에도 만 리를 가나니, 부처님 위신력을 의지함에 서라.

〖주〗 『십의론(十疑論)』 제9권에서 말하였다. 묻기를 "서방은 이곳에서 십만억불토 떨어져 있으니 못나고 약한 범부가 어떻게 도달할 수 있겠는가?"라고 하니,

답하기를 "이것은 범부의 육안(肉眼)을 대하여 생사의 마음〔生死心〕으로 헤아려 말하는 것이다. 서방이 여기에서 십만억 불토 떨어져 있지만 정토업(淨上業)을 이룬 중생에게는 임종시 그 마음이, 곧 정토에 태어나는 마음으로, 염(念)을 움직이면〔動〕 곧 정토에 태어난다.

그러므로 『관경(觀經)』에서 말하기를 '미타불국(彌陀佛國)이 이곳에서 멀지 않다 하였다. 또 업력(業力)은 불가사의(不可思議)하여 한번 염(念)하면 곧 저곳에 태어나니 멀다고 걱정하지 말라. 또 꿈에 몸은 침상에 있으나 심의식(心意識)은 다른 모든 세계에 두루 닿아 평상시 것과 같다. 정토에 태어나는 것 역시 그와 같아 염(念)을 움직이면〔動〕 곧 태어나니 모름지기 의심하지 말라"고 하였다.

또 『미타초(彌陀抄)』에서 묻기를 "『관경(觀經)』에서 이르기를 '서방이 멀지 않다'고 하였다. 그런데 서방이 이곳에서 십만억 불토 떨어져 있으니, 이제 멀지 않다고 한 것은 무슨 말인가?"라고 하니, 다음과 같이 대답한다. "두 가지 뜻이 있으니 하나는 왕생하기에 멀지 않다는 뜻으로, 『관경』에서 이르기를 '손가락 튕기는 사이에 저 국토에 태어난다'고 한 것이고, 또 하나는 서로 영접하기에 멀지 않다는 뜻으로

경(經)에서, 수명(命)이 다하려 할 때 아미타부처님께서 여러 성현 무리(聖衆)와 함께 그 앞에 나타난다고 한 것이다. 멀고 가까운 것은 상대적인 것이어서 믿고 염하면 가깝고 믿지 않으면 멀다."

〖문〗 살생죄를 지었다면 원업(冤業)을 어찌 풀겠는가?

〖답〗 왕생성불하면 모두 도탈(度脫)하리니 다시 의심 말라.

〖주〗 『용서문(龍舒文)』에서 말하였다. 묻기를 "사람이 평생 동안 악을 행하여 중생을 죽이고 사람들을 괴롭히고서, 죽을 때 염불하여 왕생한다면, 그 죽임을 당하고 괴롭힘을 당한 중생들은 원망하는 마음을 품을 것이니, 언제 풀릴 것인가?"라고 하니 "정토에 태어나 도를 얻은 뒤에는 모두 온갖 원한과 친분(怨親)을 도탈(度脫)하니, 어찌 원망을 원망으로 갚아 서로가 벗어날 날을 기약할 수 없겠는가."라고 대답한다.

〖문〗 임종시 열 번 염해서 왕생한다면 어찌 미리 닦아 지니겠는가?

〖답〗 목숨은 길고 짧아 열 가지 횡액을 당할가 알 수 없다.

〖주〗 『자은통찬(慈恩通讚)』에서 말하였다. 묻기를 "임종 때 선을 지어 문득 왕생한다면 어찌 미리 여러 훌륭한 업을 닦겠는가?"라고 하니,

답하기를 "사람의 수명은 그 길고 짧음을 알 수 없다. 더러는 병이 들어 혼미하거나, 더러는 때가 아닌데 갑자기 죽어, 미리 생전에 지은

선업이 없으면 후세의 재앙을 피하기 어렵다. 미리 선연(善緣)을 지으면 아마 이러한 허물을 막을 수 있을 것이다.

『군의론(群疑論)』에서 말하기를 '임종시 염불할 수 없는 열 가지 경우가 있다'고 하였는데, 첫째는 좋은 친구를 만나지 못한 경우이고, 둘째는 병이 몸을 얽어 염불할 경황이 없는 경우이고, 셋째는 풍을 맞아 말을 못하여 부처님 명호를 부를 수 없는 경우이고, 넷째는 미처 정신이 나가 쏟아지는 생각들을 억누를 수 없는 경우이고, 다섯째는 물에 빠지거나 불에 타서 지성으로 염불할 겨를이 없는 경우이고, 여섯째는 잡자기 승냥이나 여우를 만났으나 도울 친구가 없는 경우이고, 일곱째는 임종 때 나쁜 친구가 그 믿는 마음을 깨뜨릴 경우이고, 여덟째는 너무 많이 먹어 혼미한 중에 죽는 경우이고, 아홉째는 전투 중에 갑자기 윤회를 받을 경우이며, 열번째는 갑자기 높은 벼랑에서 떨어져 다쳐서 죽을 경우이다. 이와 같은 경우에는 임종을 기다려 10념(念)을 할 수 없다."고 하였다.

〖문〗 지혜로운 이는 마음이 곧 부처인데 어리석은 이가 왕생을 바라는 것 아닌가?

〖답〗 근기의 인연〔根緣〕은 날카롭기도 무디기도 하여 근기 따라 가르침을 주신다.

〖주〗 『적조집(寂照集)』에서 말하였다. 묻기를 "육조단경(六祖壇經)에

서는 말하기를, '대개 어리석은 이가 자성(自性)을 분명히 알지 못하여 몸 속에 부처가 있는 줄 모르고 서방에서는 동방을 바라고 동방에서는 서방을 바라지만, 깨달은이는 오직 한 곳에 처한다'고 하였고,

지공(誌公)은 말하기를, '지혜로운 이는 마음이 곧 부처인 줄을 알고 어리석은 이는 서방에 왕생하기를 애착한다' 하였다. 만약에 과연 정토에 왕생하는 것이 참되고 바른 법문(法門)이라면, 무슨 까닭으로 두 대사(大士)가 배척하였는가?"라고 하니,

답하기를 "부처님의 설법에는 숨기고 드러냄이 있고, 가르침에는 방편과 실제[實]가 있고, 사람의 근기에는 날카롭고 둔함[利鈍]이 있으며, 조사(祖師)는 억양(抑揚)이 있으니, 비유하면 병이 다르면 처방도 다른 것과 같다.

지금 열병이 나서 몸이 달아올라 바야흐로 크게 광란(狂亂)할 때, 훌륭한 의사가 있다면 반드시 한기를 다스리는 약[寒藥]으로 치료할 것이다. 어찌 유석계부(乳石桂附)가 한기를 없애 병을 낫게 하는 효능이 있다 하여 물리쳐 버리겠는가. 편벽된 견해를 가진 사람은 한기를 다스리는 약이 열을 다스리는 효능이 있다는 소리를 듣고, 마침내 유석계부(乳石桂附)를 영원히 쓰지 않겠다고 하니, 어찌 잘못이 아니겠는가.

조사(祖師)는 다만 심인(心印)을 전했을 뿐이고, 지공(誌公)은 대승(大乘)이 곧바로 사람의 마음을 가리켜 견성성불(見性成佛)하게 하는

것을 찬양한 것이다. 당시 사람들이 불법쌍망(佛法雙亡)과 불립문자(不立文字)를 아직 믿어 받아들이지 못했는데 어찌 또 염불하여 왕생을 구하라고 가르치겠는가.

원만한 근기를 가진 통달한 선비[達士]는 진실로 의심이 없을 것이나, 법을 구하는 초심자(初心者)는 정말 망설이게 될 것이다. 단지 언어가 뜻하는 취지를 알고 그 언어는 잊어[得意忘言] 두루 통하여 분명히 알아서 스스로 모순(矛盾)이 없게 하라."고 하였다.

〖문〗 무상(無想)은 니원(泥洹)이요, 유상(有想)은 어리석음이 되지 않는가?

〖답〗 열여섯 관(觀)에 머무르면서 누가 감히 부처님 말씀에 의심을 내리요.

〖주〗 백련집(白蓮集)』에서 말하였다. 묻기를 "『반주경(般舟經)』에서 말하기를 '이 내 마음이 부처를 이루고 이 내 마음이 부처를 본다. 마음에 생각[想]이 있으면 어리석음이 되고 생각이 없으면 니원(泥洹)이다'라고 하였는데, 지금 생각[想]을 일으켜 부처님을 생각하니 어찌 어리석지 않겠는가?"라고 하니,

답하기를 "근기와 가르침에 차별이 있어, 거룩한 뜻[聖意]을 측량하기 어렵다. 차표다문(遮表多門)하여 글이 가리키는 것이 하나가 아니므로 더러는 이치[理]에 나아가 정(情)을 차단하여 유상(有想)을 따

르는 것이 모두 잘못이라 하고, 더러는 경계를 가리어 대응해서 행하여 모름지기 거스르고 따름[違順]을 분명히 하여, 따르면[順] 착하고 깨끗한[善淨] 생각[想]이고, 거스르면 나쁘고 물든[惡染] 생각이라 하며, 만약 깨끗한 생각[淨想]으로 선(善)을 생각하면 선한 모습이 나타나고, 물든 생각[染想]으로 악(惡)을 생각하면 악한 모습이 나타난다고 한다.

그러므로 『방등현호경(方等賢護經)』에서는 악(惡)하여 여자를 생각하면 꿈에 여자를 보고, 선(善)하여 부처님을 생각하면 꿈에 부처님을 뵌다고 했다.

지금 두 가지 생각[想]이 이름은 같으나 선악(善惡)이 서로 하늘만큼 떨어져 있으니, 생각[想]을 전부 싫어하는 것은 옳지 않다. 정말로 싫어한다면 부처님을 거스르고 법을 비방하는 것이다. 부처님을 거스른다면 불자(佛子)가 아니고, 법을 비방한다면 시방(十方) 지옥에 들어갈 것이니, 어찌 신중히 하지 않겠는가.

하물며 이 관행(觀行)은 삼세 모든 부처님의 깨끗한 업[淨業]과 바른 인[正因]이고, 모든 범부가 성(聖)을 이루는 근본 태(胎)가 되니 어찌 경솔히 따르지 않겠는가."라고 하였다.

[문] 논(論)에서, '여인은 연지(蓮池)에 날 수 없다' 했지 않는가?
[답] 연지에 닿자마자 바뀌어 남자가 된다.

〖 주 〗　『백련집(白蓮集)』에서 이르기를 "논(論)에서, '여인이나 근기가 모자란 사람은 정토에 날 수 없다고 하였는데, 어떻게 태어날 수 있는가?'라고 물으면, '이곳의 여인이 정토에 나기를 구하면 태어날 수 있는데, 저 나라에 태어날 때 바뀌어 남자가 된다'고 대답한다."고 하였다.

〖 문 〗　수행하는 사람 중에 아미타불 보기를 즐겨하지 않는 사람이 있지 않은가?

〖 답 〗　숙세에 인연의 종자〔緣種〕가 없어 업장이 무거워서이니, 무슨 의심 있으리.

〖 주 〗　『백련집(白蓮集)』에서 이르기를 "극락에 나는 것을 즐거워하지 않는 사람이 있는데 어찌 그러한가? 라고 물으면, 숙세(宿世)에 인연의 종자〔緣種〕가 없어, 견해를 내고 집착하여, 분별하기 때문이라고 대답한다."고 하였다.

〖 문 〗　만약, 믿어 공경하지 않고 헐뜯고 비방하면 어떤 허물이 있는가?

〖 답 〗　왕생을 구하는 이를 방해하면 많은 겁 동안 지옥에 떨어진다.

〖 주 〗　『대승참회의(大乘懺悔儀)』 제3권에서 말하였다. 묻기를 "만약 믿지 않으면 어떤 허물이 있는가?"라고 하니, 답하기를, "『칭양제불공덕경(稱揚諸佛功德經)』에서 말하기를, '믿지 않고 아미타불의 명호공

덕을 칭양하는 것을 훼방하는 사람이 있으면 이 사람은 죽고 나서 모두 다섯 겁 동안 아비지옥(阿鼻地獄)에 떨어져서 수많은 고통을 모두 받고, 또 백천만겁 동안 아귀(餓鬼)가 되고 또 백천만겁 동안 축생(畜生)이 되어 항상 칼날에 베이는 것 같은 해(害)를 당한다'고 하였다"(득자호에서 나왔다〔出得字號〕).

또 『대미타경(大彌陀經)』에서는, "남자 여인이 아미타부처님의 음성을 들은 사람이 있어도, 그것을 믿지 않고 경의 말씀도 믿지 않고 비구승(比丘僧)도 믿지 않아 마음에 의심을 내어 도무지 믿는 것이 없는 사람은 모두 악도(惡道)를 따라 어리석게 태어나 숙명(宿命)을 알지 못하고 재앙과 악이 다 없어지지 않아 반드시 도탈(度脫)하지 못한다."고 하였다.

또 『감로소(甘露疏)』에서 말하기를, "전해 내려오는 이야기로서 징험(徵驗)하자면, 대력(大歷) 연간에 형주(衡州)에 사는 장원(張瑗)이라는 사람이 비방함으로써 병이 나서 몸이 문드러지고 매일 날이 저물면 키가 석 장(丈)쯤 되는 금강역사(金剛力士)가 나타나 앞으로 나아가면 불구덩이에 던져버려 몇 십일 동안 소 울음소리를 내면서 심한 고통을 받다가 혀를 늘어뜨리고 죽었다. 원(瑗)의 형제 몇 사람도 비방하는 것을 좋아하였는데 모두 몸이 문드러지고 혀를 늘어뜨리고 차례대로 죽었다. 이런 종류의 일은 매우 많아 이루 다 말할 수 없다고 하였다."라고 한다.

대승보살계
大乘菩薩戒

십중대계
十重大戒

1. 살생하지 말라.

2. 훔치지 말라.

3. 음행하지 말라.

4. 거짓말하지 말라.

5. 술을 팔지 말라.

6. 사부 대중의 허물을 말하지 말라.

7. 자신을 칭찬하고 다른 사람을 비방하지 말라.

8. 자기 것을 아끼려고 남을 욕하지 말라.

9. 화내지 말고 참회하면 잘 받아주라.

10. 삼보를 비방하지 말라.

사십팔경계
四十八輕戒

1. 스승과 벗을 공경하라.

2. 술을 마시지 말라.

3. 고기를 먹지 말라.

4. 오신채를 먹지 말라.

5. 죄 짓는 것을 보거든 참회하는 것을 가르쳐라.

6. 정성을 다해 공양하고 법을 청하라.

7. 부지런히 법을 들어라.

8. 대승을 등지고 작은 것에 향하지 말라.

9. 병든 이를 보살펴라.

10. 중생을 죽이는 도구를 놓아두지 말라.

11. 나라의 군사 사신이 되지 말라.

12. 삿된 것을 팔지 말라.

13. 비방하지 말라.

14. 불을 질러서 물건을 태우지 말라.

15. 부처님의 가르침을 펴라.

16. 이양을 탐하여 그릇되이 설법하지 말라.

17. 세력을 믿고 요구하지 말라.

18. 아는 것 없이 스승이 되지 말라.

19. 이간질하지 말라.

20. 방생을 하여 죽게 된 생명을 구하라.

21. 성내지 말고, 때리지 말며, 원수 갚지 말라.

22. 교만한 마음을 버리고 법문을 청하라.

23. 교만한 생각으로 잘못 일러주지 말라.

24. 부처님의 가르침을 잘 배우라.

25. 대중의 화합에 힘쓰고 삼보의 물건을 잘 수호하라.

26. 혼자 이양을 받지 말라.

27. 별청을 받지 말라.

28. 스님들을 별청하지 말라.

29. 나쁜 업으로 살지 말라.

30. 좋은 때(법회, 재일, 절의 행사기도 증)에 불참하지 말라.

31. 값을 치르고 구해내라.

32. 중생을 해롭게 하지 말라.

33. 나쁜 짓은 보지도 말라.

34. 항상 보리심을 생각하라.

35. 원을 세워라.

36. 서원을 세워라.

37. 위험한 곳에 가지 말라.

38. 높고 낮은 차례를 어기지 말라.

39. 복과 지혜를 닦으라.

40. 가려서 계를 주지 말라.

41. 이양을 위해 스승이 되지 말라.

42. 계를 받지 않은 사람에게 포살하지 말라.

43. 계를 범할 생각을 내지 말라.

44. 경전에 공양하라.

45. 중생을 항상 교화하라.

46. 여법하게 법문하라.

47. 옳지 못한 법으로 제재를 가하지 말라.

48. 부처님 법을 파괴하지 말라.

참고문헌

『무량수경』

『아미타경』

『지장보살본원경』

『약사유리광여래본원공덕경』

『범망경』「보살계본」(통도사 율원 편)

『불설시가라월육방예경』

『법화경』「관세음보살보문품」

『화엄경』「보현행원품」

『통일법요집』(대원사)

『석문의범』(안진호 편)

『예념미타도량참법』(한글대장경)

『자비도량참법』(한글대장경)

『자비수참기도법』(우학 편저)

『축역대장경』(한국불교정신문화원)

『일원곡』(일원 동봉 스님 편)

『한글팔만대장경』(역경원 편) 중에서 『승만경』과 『육방예경』

『발원문 108선집』(덕진 편저)

『불교신행독송집』(덕진 편저)

『우리말 불교의식집』(덕진 편저)

주석

1) **귀명정례**(歸命頂禮) ┃ 귀명하여 정례하는 것. 귀명(歸命)은 의업(意業)의 예(禮)로서 마음으로 삼보에 귀순하는 것이고, 정례(頂禮)는 신업(身業)의 예(禮)로서 머리를 땅에 대고 삼보에 경례(敬禮)함을 말한다.

2) **십이분교**(十二分敎) ┃ 부처님의 설교 방법 12가지. ① 인연법(因緣法) ② 비유법(比喩法) ③ 수기법(授記法) ④ 우회법(右回法) ⑤ 반어법(返語法) ⑥ 대비법(對比法) ⑦ 문답법(問答法) ⑧ 고조법(高調法) ⑨ 위의법(威儀法) ⑩ 무기법(無記法) ⑪ 인욕법(忍辱法) ⑫ 자비법(慈悲法)

3) **아라한**(阿羅漢, Arahan) ┃ 생사 윤회를 벗어난 경지까지 깨달으신 분.

4) **아비발치**(阿鞞跋致) ┃ 부처님 되기 직전의 경지로서, 다시는 윤회중생으로 오지 않는 경지.

5) **정법시대** ┃ 대집경의 삼시관 중 부처님 입멸 후 천년. 부처님의 말씀을 충실히 따르고 서로 가르치는 시대.

6) **상법시대** ┃ 정법시대 후 천년. 탑을 쌓고 사찰을 장엄하는 등 외형에 치우치는 시대.

7) **말법시대** ┃ 상법시대 이후를 말한다. 참다운 진리는 몰락하고 사사로운 술법에 관심을 가지며 서로 다툼을 일삼는 시대.

8) **항하사**(恒河沙) ┃ 갠지스 강의 모래.

9) **삼악도**(三惡道) ┃ 육도 윤회 중 아귀, 축생, 지옥 세계를 말함.

10) **구품** ┃ 아미타부처님이 계신 극락에 왕생하는 9등급의 세계.

11) **삼업**(三業) ┃ 신(身)·구(口)·의(意) 삼업을 말한다. 윤회의 근본이 되는

것으로 몸과 말과 뜻으로 짓는 업을 말함.

12) **겁**(劫) | 산스크리트어 칼파(kalpa)의 음사(音寫)로 겁파(劫波), 갈랍파(羯臘波)라고도 한다. 고대 인도에 있어서 가장 긴 시간을 나타내는 단위다.

13) **아사세**(阿闍貰) | 산스크리트어 아자타샤트루(ajātaśatru), 팔리어 아자타삿투(ajātasattu)의 음사. 미생원(未生怨, 태어나기 전 원한을 가짐)이라 번역. 부왕(父王) 빔비사라(bimbisāra)를 감옥에 가둬 죽이고 즉위한 마가다(magadha)국의 왕. 재위 기원전 550년경~520년경. 어머니는 위제희. 코살라국(kosala)국을 비롯해 카시국(kāśi)국과 브리지국(vṛji)국을 정복함.

14) **오계**(五戒) | 불자들이 지키기를 서약한 다섯 가지 계율. 살생하지 말 것, 부당한 재물취득이나 훔치지 말 것, 삿된 음행하지 말 것, 거짓말하지 말 것, 술이나 중독성 물질에 취하지 말 것.

15) **삼독**(三毒) | 근본적인 세 가지 번뇌. 탐(貪)·진(瞋)·치(癡), 이 세 가지가 중생을 해롭게 하는 것이 마치 독약과 같다고 하여 삼독이라고 한다.

16) **삼유**(三有) | 욕유(欲有)·색유(色有)·무색유(無色有)를 뜻하며, 욕계(欲界)·색계(色界)·무색계(無色界)의 삼계(三界)와 같은 말이다.

17) **25유**(二十五有) | 유(有)는 '존재'를 뜻하는데, 특히 윤회하는 존재를 의미한다. 즉 완전한 깨달음에 도달하지 못했기에 어쩔 수 없이 3계 6도에 윤회하는 유정, 즉 성불에 이르기 위해 노력해야 하는 상태에 있는 유정을 뜻한다. 따라서 25유는 생사윤회의 미혹의 세계〔迷界〕 또는 유정의 미혹된 상태〔迷界〕를 25가지로 구분한 것이다.

18) **단멸론**(斷滅論) | 윤회를 부정하고 한 번의 생으로 모든 것이 끝난다는 주장.

19) **상주론**(常住論) | 고정불변의 개별 아(我)인 아트만(atman)의 끊임없는 윤회를 인정하는 부류의 주장.

20) **바라밀**(波羅蜜) | 피안(彼岸, 깨달음)의 경지에 이르고자 하는 보살 수행의 총칭. 6바라밀은 보시·지계·인욕·정진·선정·반야(지혜) 바라밀이다.

21) **37도품**(三十七道品) | '깨달음(도, 보리)에 이르는 37가지의 법'을 뜻한다.

초기불교의 『아함경』에서 고타마 붓다가 언급하거나 설명하고 있는 37가지의 도품(道品), 즉 수행법(修行法)을 가리키는 용어로서 사실상 초기불교의 수행법을 통칭하는 말이다.

22) **바라문** | 산스크리트어 'brāhmaṇa'의 음사. 고대 인도의 사성(四姓) 가운데 가장 높은 계급으로, 제사와 교육을 담당하는 사제(司祭) 그룹.

23) **약차**(藥叉) | 산스크리트 야크샤(Yaka)의 음역. 볼 수 없고 초자연적인 힘을 지니고 있어 두려워 할 귀신적 성격을 가졌는데, 공양(供養)을 잘하는 사람에게는 재보(財寶)나 아이를 갖게 하는 힘을 가지고 있다고 한다. 후에는 귀신(鬼神, 羅刹)의 하나로 여겨졌고, 불법을 보호하는 신이다.

24) **인비인**(人非人) | 사람이라 할 수도, 축생이라 할 수도, 신이라 할 수도 없는 것. ① 긴나라의 별명 ② 천(天), 용(龍) 등 8부중이 거느린 종속자(從屬者)의 총칭.

25) **32상**(三十二相) | 부처나 전륜성왕(轉輪聖王)이 몸에 지니고 있다는 32가지 모습. 상(相)은 전생에 쌓은 공덕이 신체적인 특징으로 나타난 것이다.

26) **80종호**(種好) | 부처님의 32상이 다시 80가지 모양으로 구체화된 모습.

27) **범행**(梵行) | 범(梵)은 청정을 뜻함. ① 음욕(淫欲)을 끊고 계율을 지키는 청정한 수행. ② 오행(五行)의 하나. 청정한 마음으로 자비를 베풀어, 중생에게 즐거움을 주고 그의 괴로움을 덜어주는 보살의 수행.

28) **나무**〔南無〕: 나모(namo)의 음사어로 '예배, 절, 인사'를 의미하는 나마스(namas)의 연성에 따른 변화형. '지극한 마음으로 믿고 의지하며 따르옵니다'라는 표현.

29) **삭가라**: 짜끄라(Cakra)의 음역으로, 금강 또는 견고의 뜻.

30) **모다라**(母陀羅): 무드라(Mudra)의 음역으로, 인계(印契)의 뜻.

31) **관음42수**: 관세음보살이 중생의 낱낱의 소망을 구별하여 성취시켜 주는, 42가지 손 모습의 수인과 진언.

32) **십일면관음보살**: 앞의 3면은 자비, 왼쪽 3면은 분노, 오른쪽 3면은 미소,

뒤쪽 1면은 포악과 폭소, 정상의 1면은 부처님 모습을 한 관세음보살. 여러 가지 방법으로 중생들을 구제하고자 하는 관세음보살의 면모를 상징적으로 보여준다.

33) **천수천안관음보살**: 천 개의 눈으로 세상 모든 중생을 살피고, 천 개의 손으로 모든 중생을 구제하려는 관세음보살의 대자대비심을 표현하고 있다.

34) **관세음보살 32응신**(應身): 부르는 중생에 따라 다양한 모습으로 나타난다는 관세음보살. 수능엄경은 32응신, 법화경에서는 33응신을 말한다.

35) **가사**(假使): 가령, 비유를 들면

36) **극미진**(極微塵): 가장 미세한 티끌이라는 뜻으로, 물질을 분석한 극소 불가분의 단위.

37) **변재천녀**(辯才天女): 무애(無碍, 걸림이 없음)한 행동으로 불법(佛法)을 유포하여 많은 이익을 가져다준다는 천신.

38) **상속**(相續): '항상 변화하는 연속적 개체'라는 뜻. 원인과 결과가 차례로 연속해서 끊어지지 않는 상태.

39) **육취**(六趣): 중생이 업에 의해서 윤회하는 6종의 세계.

40) **사생**(四生): 일체의 생물이 네 가지 방법으로 출생한다는 말이니, 난생(卵生)·태생(胎生)·습생(濕生)·화생(化生)이 그것이다

41) **성문**(聲聞): 불교의 교설(敎說)을 듣고 스스로의 해탈을 위하여 정진하는 출가 수행자.

42) **벽지불**(辟支佛): 부처님의 가르침에 의하지 않고 스스로 깨치고, 고요와 고독을 즐기므로 설법교화를 하지 않는 성자. 성문과 더불어 이승(二乘)의 하나로, 보살까지 합하여 삼승의 하나가 된다. 독각(獨覺)이라 번역한다.

43) **무상정등보리**(無上正等菩提): 최상의 올바른 깨달음. 곧 부처님의 깨달음. 부처님의 지혜는 가장 수승하고 그 위가 없고 진실하고 평등한 바른 이치를 깨달아 증득했으므로 이같이 이름. 범어로 아뇩다라삼먁삼보리.

44) **찰진겁**(刹塵劫): 셀 수 없을 정도의 기나긴 시간.

참회 발원 기도
행원참법

ⓒ 덕진 2017

2017년 2월 1일 초판 1쇄 발행

지은이 덕진
발행인 박상근(至弘) · 편집인 류지호 · 편집 김선경, 양동민, 이기선
디자인 쿠담디자인 · 제작 김명환 · 전략기획 유권준, 김대현, 박종욱, 양민호 · 관리 윤애경
펴낸 곳 불광출판사 03150 서울시 종로구 우정국로 45-13, 3층
　　　　대표전화 02) 420-3200 편집부 02) 420-3300 팩시밀리 02) 420-3400
　　　　출판등록 1979. 10. 10.(제300-2009-130호)

ISBN 978-89-7479-338-8 (03220)

이 도서의 국립중앙도서관 출판예정도서목록(CIP)은
서지정보유통지원시스템 홈페이지(http://seoji.nl.go.kr)와
국가자료공동목록시스템(http://www.nl.go.kr/kolisnet)에서 이용하실 수 있습니다.
(CIP제어번호:2017001110)

잘못된 책은 구입하신 서점에서 바꾸어 드립니다.
독자의 의견을 기다립니다. www.bulkwang.co.kr
불광출판사는 (주)불광미디어의 단행본 브랜드입니다.